Heinzpeter Hempelmann

Theologie aus Leidenschaft

Wie Frömmigkeit und Wissenschaft zur Einheit finden

B|R|U|N|N|E|N

VERLAG GIESSEN · BASEL

DIE THEOLOGISCHE VERLAGSGEMEINSCHAFT (TVG)
ist eine Arbeitsgemeinschaft der Verlage Brunnen Gießen
und R. Brockhaus Witten.

CTL steht für die Kooperation der drei theologischen Seminare
Chrischona, Tabor und Liebenzell
mit der Middlesex-Universität (London)
und gleichzeitig für ein Programm:
Christliche Theologie Lebensnah.

© 2004 Brunnen Verlag Gießen
Umschlagfoto: Giotto – Scrovegni-Kapelle in Padua
Umschlaggestaltung: Ralf Simon
Satz: Die Feder GmbH, Wetzlar
Herstellung: St.-Johannis-Druckerei, Lahr
ISBN 3-7655-9100-9

INHALT

Geleitwort   5

Vorbemerkung   7

Teil A: Herausforderungen –
Der Sitz im Leben unserer Theologie   11

a) Wandel im Selbstverständnis der Gemeinschaften   11
b) Postmoderne als gesellschaftlicher und geistiger Horizont   13
c) Anforderungsprofil und Defizite   15

Teil B: Perspektiven –
Theologische Zukunft gewinnen   19

a) Von Gott erkannt   20
  1. Theologie ist Wissenschaft von der Geschichte
    Gottes mit uns   21
    1.1 Systematische Theologie –
      aber nie abstraktes System   21
    1.2 Gott erkennt mich im Lebensvollzug –
      Theologie geschieht biographisch   22
  2. Unsere Theologie ist dankbare Antwort auf die sie
    allererst ermöglichende Gnade, und sie geschieht
    allein aus Gnade   24
    2.1 Theologie verdankt sich dem Handeln Gottes   24
    2.2 Theologia regenitorum geschieht allein aus Gnaden 25
  3. Unsere Theologie ist hörende und gehörende, bindende
    und gebundene Theologie   28
    3.1 „Ein Zwang liegt auf mir"   28
    3.2 Furcht Gottes als principium cognitionis –
      Glaube als Ver-Ortung aller angemessenen
      Erkenntnis   29
    3.3 Hörende Theologie   32

b) Von Gott erkannt – Gott erkennen   34
   1. Unsere Theologie ist Partei: Ihre Interessenorientierung
      fördert die Erkenntnis und verstellt sie nicht per se   34
   2. Theologie ist Gottes-Erkenntnis   37
   3. Theologie ist Zeugin vom Herr-Sein Gottes über
      die ganze Welt – darum ist sie Wissenschaft vom Ganzen   39
   4. Theologie ist bekennendes Wissen – sie preist Gott über
      seiner Welt – darum ist sie Wirklichkeitswissenschaft   42

*c) Von Gott erkannt – Gott erkennen
   und zur Gotteserkenntnis anleiten*   44
   1. Im Glauben – demütig   44
   2. Aus Liebe – dankbar   46
   3. Auf Hoffnung – bewährungsorientiert   47

**Teil C: Erwachende und aufbrechende Theologie –
Ein Grundsatz und zehn Thesen**   49

a) Der Grundsatz   49
b) Zehn Thesen   49

Literaturhinweise   51

GELEITWORT

Was ich von der Theologie erwarte

Wieso lese ich dieses Buch, das Sie gerade in den Händen halten, leidenschaftlich gerne? Es ist ein orientierendes Buch, ein theologisches Buch, ein Buch, das wir brauchen.

Es mag sein, dass Sie beim Stichwort „theologisch" zusammenzucken, etwas irritiert sind oder gar das Buch beiseite legen möchten. Tun Sie es nicht!

Kürzlich war ich mit einem Freund zusammen mehrere Stunden im Auto unterwegs. Ich möchte solche Zeiten immer gut nutzen, also fragte ich ihn, was er denn von einer guten Theologie erwarten würde. So kam es zu einem hochinteressanten Gespräch, in dem wir unterschiedliche Merkmale einer guten Theologie zu benennen begannen. Zu solchen Merkmalen gehört:

- Eine hilfreiche und gute Theologie ist bibelzentriert. Die Heilige Schrift ist erster und letzter Orientierungsrahmen. Die Theologie führt zur Bibel und macht die Bibel lieb.
- Eine solche Theologie ist verheißungsorientiert und damit konstruktiv. Probleme und Kritik (im wörtlichen Sinne von „unterscheiden") sind wichtig, aber doch zweitrangig. Verheißungsorientierte Theologie ermutigt und versteht sich zuerst als Hirtendienst.
- Gute Theologie ist geschichtsorientiert. Sie ordnet in die Zeit ein. Sie kennt Vergangenheit und Gegenwart. Sie kommt vom Kommen Gottes her und ist auf das Kommen des Reiches Gottes und damit auf die Zukunft hin ausgerichtet.
- Theologie, die wir uns wünschen, hat ein Bild der Praxis, geht von dort aus und zielt wieder dorthin. Sie entwickelt eine gute Theorie im wörtlichen Sinne. Jemand formulierte einmal: Es gibt nichts Praktischeres als eine gute Theorie. Die Gemeinde Jesu ist erster Ansprechpartner und Ort der Bewährung.
- Gute Theologie kann sich in die säkulare Welt vermitteln. Sie greift deren Fragen auf und gibt verstehbare Antworten. Ihr Horizont ist die gesellschaftliche Wirklichkeit und deren Veränderbarkeit.
- Weiter stellt sie Zusammenhänge her und verbindet. Sie kennt die wesentlichen Zusammenhänge und macht diese vor aller Spezialisierung deutlich. Sie kennt die großen (Heils-)Linien.

- Hilfreiche Theologie kann erzählen und benutzt Bilder. Sie verfällt nicht der falschen Grundsätzlichkeit und der kalten Behauptung von Richtigkeiten.
- Ziel einer guten Theologie ist die brennende Liebe zu Jesus. Sie führt in die Dienerschaft und die Verfügbarkeit für den Herrn der Geschichte.
- Gute Theologie rechnet natürlicherweise mit der Offenbarung durch den Heiligen Geist. Sie weiß, dass alle Erkenntnis Stückwerk ist.
- Schließlich ist gute und hilfreiche Theologie kooperativ und sucht die Ergänzung. Sie ist korrekturfähig.

Sie wissen jetzt, warum ich das hier vorliegende Buch von Heinzpeter Hempelmann leidenschaftlich gerne lese. In diesem Buch wird solche Theologie vermittelt, formuliert, durchdacht, verfügbar gemacht.

Auch dieses Buch ist „Teil des Hirtendienstes an der Gemeinde", wie es Klaus Bockmühl vor Jahren ausgedrückt hat (Denken im Horizont der Wirklichkeit Gottes, Gießen 1999, 77).

Eigenartig, dass viele Menschen sehr viel lieber Literatur aus dem Bereich Psychologie oder Management lesen. Wir erwarten scheinbar von dort sehr viel eher Lösungen heikler Problembereiche als etwa von der Theologie.

Im Rahmen von CTL, einem zukunftsträchtigen Zusammenschluss dreier historisch bewährter und solider theologischer Ausbildungsstätten, erwarten wir, dass von heutiger Theologie echte Hilfe zum Denken, Glauben und Handeln zumindest innerhalb unseres mitteleuropäischen Kulturkreises kommt. Theologie könnte für die heiklen gesellschaftlichen und politischen Fragen der Zukunft einen guten, plausiblen und hilfreichen Orientierungsrahmen geben.

In diesem Sinne wünschen wir Ihnen viel Leidenschaft und Begeisterung zur Lektüre der vorliegenden Gedankengänge.

Dr. Markus Müller
Direktor Pilgermission St. Chrischona und
Seminarleiter Theologisches Seminar St. Chrischona

VORBEMERKUNG

Dieses Büchlein geht auf einen Vortrag zurück, den ich auf einer CTL-Dozentenkonferenz 1997 gehalten habe. Ziel war die Selbstverständigung über den Theologie-Begriff des CTL-Aufbruchs. CTL – das ist mehr als eine Kooperation der Theologischen Seminare Chrischona, Tabor und Liebenzell. CTL – das steht für ein Programm zur Erneuerung der Theologie. CTL – das meint mit einem Wort von Klaus Bockmühl – Theologie aus Leidenschaft.

Wir, die Initiatoren und Verantwortlichen von CTL, sind gebrannte Kinder: gebrannt durch Vertreter einer unfrommen und darin ihre Wissenschaftlichkeit identifizierenden akademischen Theologie an deutschen evangelischen Fakultäten, gebrannt aber auch durch Strömungen im Neupietismus, die Bildungs- und Vernunftfeindlichkeit mit Frömmigkeit identifizieren. Gemeinsam ist es uns zum Movens, zum „Drehmoment" unserer geistlichen und theologischen Existenz geworden, zu fragen, wie das zusammenpasst, ja darum zu ringen, dass das zusammengehört:

- persönlicher Glaube und Wissenschaft,
- geistliches Leben und abstrakte Theorie,
- Kanzel und Katheder,
- Herz und Hirn.

Sind wir hier – um mit Adolf Schlatters Einspruch gegen den Neukantianismus und Kulturprotestantismus seiner Zeit zu reden – zur „milden Schizophrenie" verurteilt, oder ist das – orientiert an der Vorgabe der Einheit von Gottes- und Welterkenntnis im hebräisch-biblischen Denken – auch für uns Heutige erreichbar:

- Wissenschaftliche Reflexion, die den persönlichen Glauben nicht verstecken muss;
- theologische Theorie, die um der Praxis willen geschieht;
- Erkenntnis und Bekenntnis;
- „objektive Erkenntnis" und absolutes Engagement;
- wissenschaftstheoretische Reflexion, an der Gottesgewissheit entsteht; im Verfolg dessen:
- Schriftauslegung, in deren Vollzug die Bibel den Ausleger auslegt;
- historische Arbeit, die Gottes Weg in die menschliche Geschichte nachvollzieht;

- historische Wahrnehmung, durch die hindurch wir Gott selber begegnen;
- strengste Exegese, durch die hindurch Gott als der Autor biblischer Texte den Leser anspricht?[1]

Theologie aus Leidenschaft – das ist beschlagnahmte und in Beschlag nehmende, gebundene und bindende, hörende und gehorchende, aus dem Lob Gottes kommende und zum Lobpreis hinführende, von der Liebe Gottes getragene und nun andere tragende, von sich weg weisende und auf Christus weisende, von Gott erkannte und nun Gott im eigenen Leben und der Wirklichkeit dieser Welt erkennende Theologie.

Mit diesem Bändchen geben wir Rechenschaft über unseren Theologiebegriff. Der Charakter eines Essays bringt es mit sich, dass weitgehend – so weit wie möglich – auf Anmerkungen verzichtet wurde.

Als – klassisch dogmatisch gesprochen – „praktische Theologie" hat diese systematische Reflexion – wie unser ganzer Theologie-Ansatz – ein Ziel: die Ausbildung und Zurüstung von Theologen, die nur erreicht werden kann, wenn sie ihre konkrete Verortung nicht überspringt. Die Reflexionen zur Rolle und zum Weg der Gemeinschaftsbewegung, der die CTL-Ausbildungsstätten angehören, sind zwar partikularer Natur, aber von exemplarischer Bedeutung, weil übertragbar und generalisierbar.

Die in aller Munde gerühmte „theologische Kompetenz" ist notwendig und selbstverständlich. Dass sie sich nicht von selbst dort einstellt, wo der theologische Nachwuchs zu Wissenschaftlern (en miniature!) ausgebildet wird, zeigt nicht nur ein Blick in das volkskirchliche Panorama, sondern wird inzwischen auch von offiziellen kirchenleitenden Verlautbarungen festgestellt.[2] Sie stellt sich doch wohl nur dort – und auch nur dann mit Gottes Hilfe – ein, wo wir nicht einseitig auf theologische Theorie abheben, sondern ein Umfeld bieten, das Glaubens-, Lebens- und Lerngemeinschaft integriert und den zukünftigen

---

[1]   Vgl. zu diesem hermeneutischen Postulat, das sich aus den Grundzügen des hier vorgelegten wissenschaftstheoretischen Ansatzes ergibt: Heinzpeter Hempelmann: Wie wir denken können [...], 90ff.

[2]   Die Ausbildung der Pfarrerinnen und Pfarrer angesichts der missionarischen Herausforderung der Kirche. Beiträge einer Konsultation der Arbeitsgemeinschaft Missionarische Dienste im Diakonischen Werk der EKD und der Evangelischen Kirche in Deutschland vom 18.–20. Okt. 2002 in Halle/Saale, epd-Dokumentation Nr. 14, 31. März 2003.

Hauptamtlichen nicht nur Wissen und Reflexionsvermögen vermittelt, sondern als Menschen – speziell hinsichtlich der von ihm geforderten *soft scills* (humane Schlüsselkompetenzen) – reifen lässt und ihn in der persönlichen Glaubensbeziehung fördert. Theologische Kompetenz entsteht nur dort, wo der Hiatus von Glauben und Wissen, Wissenschaft und persönlicher Existenz, Geschichte und Wahrheit, Bekenntnis und Erkenntnis überwunden wird.

Dieses an den CTL-Institutionen (um niemanden zu verärgern, sei hinzugefügt: und anderswo) realisierte triadische Ausbildungskonzept sollen die nachfolgenden Überlegungen zur Wissenschaftstheorie unseres Theologiebegriffs fundieren und ihm zuarbeiten.

Wir wissen und wollen – mit Johann Georg Hamann – „dem allgemeinen Geschwätze und schön aus der Ferne her, in die weite Welt hinein [...] nichts besseres als die genaueste Individualität und Personalität entgegen [...] setzen"[3].

Heinzpeter Hempelmann

---

[3] Entkleidung und Verklärung. Ein fliegender Brief an Niemand, den Kundbaren, in: ders.: Sämtliche Werke. III. Band, Schriften über Sprache/Mysterien/Vernunft, Wien 1951, (347–407) 351,28–31.

Teil A:
Herausforderungen –
Der Sitz im Leben unserer Theologie

a) Wandel im Selbstverständnis der Gemeinschaften

Es sind eine ganze Reihe von Faktoren, die zu einer tiefgreifenden Veränderung im Selbstverständnis der traditionell als Gemeinschaften bezeichneten, sich heute vielfach eher als Gemeinde verstehenden und sich auch so bezeichnenden (neu-)pietistischen Gemeinden geführt haben. Weithin verstehen sich viele Gemeinschaften nicht mehr als Dienstgemeinschaft im Rahmen und für eine landeskirchliche Kirchengemeinde (Gnadauer Modell I, ergänzender Dienst). Manche nehmen einen mindestens „partiell stellvertretenden Dienst" (Modell II) wahr oder streben gar den „alternativ stellvertretenden Dienst" an (Modell III).

Modell II, in dem der Prediger im Rahmen und auf der Basis entsprechender Vereinbarungen mit den Landeskirchen Kasualien vollzieht und Sakramente ausüben kann, noch mehr aber Modell III, die Gemeinschaft, die selbständig in der Landeskirche lebt inklusive aller Lebensäußerungen einer Gemeinde, stellen an Hauptamtliche ganz neue und qualitativ ganz andere Herausforderungen.[4] Da ergänzt der Prediger den Pfarrer nicht nur in einem speziellen, wohldefinierten Segment; da wird er zunehmend mit Erwartungen konfrontiert, die Gemeindeglieder traditionell nur an den Pfarrer herangetragen haben. Die Ausbildung muss sich dem stellen.

Die leitenden Gremien der Gemeinschaftsverbände, aber auch die Gemeinschaftsleiter vor Ort wünschen sich eine dreifache Qualifikation. Erwartet wird von den hauptamtlichen, die Gemeinde (mit-) leitenden Theologen:

---

4 Vgl. Christoph Morgner: Unsere Gemeinschaften zwischen Gestern und Morgen, Dillenburg/Lahr o. J. (Gnadau aktuell; H. 5); Heinzpeter Hempelmann: Soll „Gnadau" in der Kirche bleiben? Gemeinschaftsbewegung und evangelische Kirche, Lahr/Bad Liebenzell 1998; ders. (Hg.): Zukunft gewinnen. Gemeinschaftsgemeinden und evangelische Kirche, Lahr/Bad Liebenzell 2000; Volker Brecht: Zwischen Landeskirche und Freikirche. Die Suche der Gemeinschaftsbewegung nach einem eigenen Gemeindeverständnis, Wuppertal 2002.

(1) Geistliche Kompetenz/geistliche Reife
Sie umfasst
- nicht nur Bekehrung, sondern auch Gewissheit der Berufung, also Standfestigkeit, und Bewährung,
- ein erkennbares Leben in der Nachfolge,
- Dienst- und Opferbereitschaft und die
- Überwindung eines fromm eingekleideten, in Wahrheit postmodernen Individualismus.

(2) Charakterliche Kompetenz
Zur charakterlichen Kompetenz, Reife, Prägung gehören
- Belastbarkeit,
- Kreativität,
- (Selbst-)Disziplin,
- Flexibilität,
- Duldsamkeit gegenüber abweichenden Meinungen, Einstellungen und Verhaltensweisen,
- Team- und Kooperationsfähigkeit und die
- Fähigkeit zu Integration und Menschenführung,
- Bereitschaft zu konstruktiver Kritik/Selbstkritik und Korrektur/Selbstkorrektur.

(3) Theologische Kompetenz
Hierzu gehören
- Biblisch-theologisches Grund- und Aufbauwissen,
- Fähigkeit zu missionarischem Gemeindeaufbau (Kenntnisse und Erfahrungen mit Methoden und Strategien, auch und gerade im Bereich der Cross Cultural Communication [CCC]),
- Sprachfähigkeit (Fähigkeit zur Artikulation der Grundaussagen des christlichen Glaubens),
- Argumentationsfähigkeit (Befähigung zum argumentierenden, nicht bloß thetisch-apodiktischen Gespräch mit Christen wie Nicht-Christen über Grundfragen und Grundlagen des christlichen Glaubens),
- Fähigkeit zur Ausarbeitung und Artikulation eines eigenen, differenzierten und reflektierten Standpunktes,
- gute Allgemeinbildung und
- seelsorgerliches Orientierungswissen.

Auch wenn die CTL-Seminare nicht die geistliche Ideal-Persönlichkeit produzieren können, die hier anvisiert wird, so handelt es sich doch um Zielvorgaben, die neu und verblüffend sind. Wir sind herausgefordert durch die Frage: Wie sieht das Konzept und die Gestalt einer Ausbildung aus, die

- das Glaubensleben als Leben im Glauben und Wachstum des Glaubens fördert,

- eine Durchdringung von Theorie und Praxis, Lehre und Lernen realisiert und schließlich

- eine theologisch fundierte Durchdringung der biblischen Offenbarungszeugnisse ebenso zum Ziel hat wie die Fähigkeit zur Orientierung und zum apologetisch-missionarischen Zeugnis in einer nach-christlichen Gesellschaft?

b) Postmoderne als gesellschaftlicher und geistiger Horizont

Wir leben in einer nicht mehr christlichen, sondern nach-christlichen, teilweise dezidiert antichristlichen Gesellschaft. Die großen, über Jahrhunderte hinweg Gesellschaft und Staat prägenden christlichen Institutionen haben ihre traditionsbildende und konsensstiftende Funktion weitgehend verloren. Sie besitzen kein weltanschauliches Monopol mehr, und auch ihre rechtlichen Privilegien sind weitgehend relativiert. Quasi aktiv gegen den christlichen Glauben immunisiert, erwartet der postmoderne Mitmensch von allem Möglichen und Unmöglichen etwas, nur nicht mehr vom Evangelium, das ihm vielfach in der Form eines mindestens anachronistischen, wenn nicht gar unglaubwürdigen und profillosen Volkskirchentums begegnet. Gegen alle kirchenleitenden Euphemismen sprechen die sich auf hohem Niveau stabilisierenden Kirchenaustrittszahlen und die Ergebnisse entsprechender Statistiken eine eindeutige Sprache. Deutschland ist kein christliches Land mehr.

Was bedeutet das für Gemeinden und Gemeinschaften und nach- bzw. vorgeordnet für die Ausbildung von hauptamtlichen Mitarbeitern, die anderen Christen helfen sollen, sich im Horizont der Postmoderne nicht nur zu orientieren, sondern auch missionarisch zu engagieren?

Wir benennen fünf Gesichtspunkte:

(1) Christlicher Glaube gilt nicht mehr selbstverständlich. Wer für ihn eintritt, wird für ihn argumentieren müssen.

(2) Christlicher Glaube ist eine unbekannte Größe. Wer über ihn redet, wird ihn erklären können müssen.

(3) Christlicher Glaube befindet sich in einer Minderheitenposition. Wer ihn lebt, wird dies profiliert, definiert und seiner christlichen Alternativkultur gewiss tun müssen.

(4) Christlicher Glaube wird in Deutschland umso mehr zum Gegenstand der Mission je mehr sich unsere Gesellschaft säkularisiert. Wer dem Missionsbefehl folgen will, wird realisieren müssen, dass das missionarische Einsatzgebiet vor Ort beginnt und nicht allein oder auch nur vorrangig eine Perspektive der Zwei-Drittel-Welt ist. Es gibt in vielen Ländern der Dritten Welt, z. B. Papua-Neuguinea, prozentual mehr Christen als in Nord- oder Ostdeutschland.

(5) Christlicher Glaube besitzt in den evangelischen Kirchen, die sich auf eine religiöse Grundversorgung konzentrieren, kein evangelisches, biblisch rückgebundenes, für die Gesellschaft erkennbares Profil. Wer christliche Identität will, wird diese – ganz gleich, ob innerhalb oder außerhalb der kirchlichen Großinstitutionen – immer mehr selbst stiften und leben müssen.

Wir gehen nahezu selbstverständlich, vielleicht zu selbstverständlich, davon aus, dass der Gemeinschaftsbewegung und darüber hinaus dem Pietismus in Zukunft eine Bedeutung als (Teil der) Gemeinde Jesu zukommt. Die spannende Frage muss aber dann lauten: Wie will sie den genannten Herausforderungen genügen? Werden die Gemeinschaften und ihre Glieder diesen Herausforderungen genügen können? Haben sie dazu genug geistliche Kraft und Substanz? Wie kann es gelingen, wie wird es gelingen, unsere Gemeinschaftsleute noch mehr als bisher ohnehin schon zu einem missionarischen, evangelisch profilierten Lebensstil zu befähigen, der im besten Sinne weltzugewandt, aber nicht weltangepasst ist? Werden wir es schaffen, uns dem Wind des Wandels nicht nur zu stellen, sondern ihn selbst mitzugestalten? Dies sind Fragen, die wir an die Gemeinschaftsbewegung stellen; es sind aber doch auch Fragen, denen sich jede theologische Ausbildung im kirchlichen und freikirchlichen Raum stellen muss.

Die Dimensionen der Herausforderung, die durch ein sich dramatisch veränderndes gesellschaftliches Umfeld auf uns zukommen, sind noch kaum oder vielerorts wohl noch gar nicht erkannt.[5]

c) Anforderungsprofil und Defizite

Wenn wir den gleichermaßen dramatischen Wandel im Selbstverständnis von Gemeinden und Gemeinschaften wie im programmatisch nach- oder sogar dezidiert gegenchristlichen Selbstverständnis weiter und tragender Teile in einer Gesellschaft sehen, in der wir auch in Zukunft als Christen leben und d. h. auch unserem missionarischen Auftrag gerecht werden wollen, lautet die entscheidende Frage: Sind wir auf diese Aufgaben vorbereitet? Mit durchaus selbstbewusstem, vor allem aber dankbaren Blick für das Erreichte fragen wir selbstkritisch weiter, markieren Defizite und formulieren Perspektiven:

(1) Inwieweit ist unsere Ausbildung didaktisch noch zu sehr durch einen Stoff verarbeitenden, statt Sachverhalte durchdringenden, noch zu sehr durch einen wiedergebenden, statt einen reflektierenden Lern- und Lehrstil bestimmt?

(2) Inwieweit leiten wir schon jetzt zu dem selbständigen, kreativen und innovativen Denk- und Arbeitsstil an, den die Gemeinschaften und Kirchengemeinden brauchen, die die Gemeinden von morgen sein wollen und sollen?

(3) Seminaristische und Bibelschulausbildung hält sich viel auf ihren Praxisbezug zugute. Inwieweit sind aber diese Bezugnahmen nicht noch zu pragmatisch orientiert? Inwiefern gehen sie über Reaktionen auf praktische, meist von den Gemeinschaften definierte Erfordernisse hinaus? Inwieweit zielen sie selber schon ab auf eine Veränderung der Praxis, auf die sie bislang bloß reagieren? Inwieweit gelingt schon eine wirkliche Durchdringung von Theorie und Praxis, die auch zur innovativen Gestaltung dieser Praxis hilft?

---

[5] Diese Zusammenhänge habe ich verschiedentlich entfaltet. Vgl. ders.: Nachchristliche Lebenswirklichkeit als Horizont der Verkündigung des Evangeliums, in: ders.: Glauben wir alle an denselben Gott? Christlicher Glaube in einer nachchristlichen Gesellschaft, Wuppertal/Bad Liebenzell 1997; 2. Aufl. 2004; vgl. jüngst: ders.: Postmoderne als Anfrage und Herausforderung an die Kirche(n), in: Popularmusik und Kirche – Positionen, Ansprüche, Widersprüche, hg. von Wolfgang Kabus, Frankfurt a.M. 2003, 53–78.

(4) Treiben wir schon eine Theologie, die aus Herausforderungen
wächst, an ihnen wächst und die dann auch in die Lage setzt, sich
neuen Herausforderungen zu stellen? – Die Frage ist nicht: Sind
wir persönlich zufrieden mit unserem Niveau? Die Frage lautet
vielmehr: Geben wir unseren Leuten das mit, was sie brauchen,
um ihrerseits ihren Aufgaben gerecht zu werden und in ihren
Herausforderungen zu bestehen?

(5) Macht unsere Theologie Lehre, Leben und missionarischen Auftrag ausreichend als Einheit erkennbar? Ist diese erlebbar? Ist unsere Ausbildung dergestalt, dass in ihr Lehre, Leben und Glauben
schon eine organische Einheit bilden? Setzt sie schon beim Menschen an? Nur was vom Herzen kommt, geht zu Herzen!

(6) Ganz provokativ und nur scheinbar überflüssig gefragt: Hat
unsere Theologie Wirkung – geistlich, gesellschaftlich? Trägt sie
dazu bei, dass unsere Gemeinden ein Brief sind, nein: „unser (!)
Brief ..., erkannt und gelesen von allen Menschen"; ein „Brief
Christi, ausgefertigt von uns im Dienst, geschrieben nicht mit
Tinte, sondern mit dem Geist des lebendigen Gottes, nicht auf
steinerne Tafeln, sondern auf Tafeln, die fleischerne Herzen sind"
(2Kor 3,2f.)?

(7) Treiben wir noch eine Theologie, die sich verstecken muss? Die
wir insgeheim mit einem mehr oder weniger schlechten Gewissen
vertreten, weil sie eben nicht richtig und nicht zu Ende gedacht
ist; die die kritische Nachfrage der „akademischen" Theologie
scheuen oder gar fürchten muss? Treiben wir noch eine Theologie, die darum mehr oder minder verdeckt, dafür aber umso
wirkungsvoller einerseits Minderwertigkeitsgefühle fördert, andererseits eine Art fatale wie letale Attraktion durch die Univer-
sitätstheologie provoziert? Haben wir schon den ebenso fatalen
wie letalen Demutsgestus überwunden, mit dem wir demütig und
viel zu bescheiden ja eine „bloß seminaristische Bibelschultheo-
logie" betreiben?

(8) Wissen wir schon, dass wir eine Theologie brauchen, die gemein-
debezogen, missionarisch orientiert und wissenschaftlich verantwortet ist; die also ungeheuer viel leistet, ohne sich den Ein-
seitigkeiten und Defiziten universitärer Theologenausbildung zu
verschreiben –, eine Theologenausbildung also, mit der wir uns
ganz und gar nicht verstecken müssen? Sind wir bereit, eine fal-
sche und lähmende Demut zu überwinden und die Perspektiven
zu gewinnen, die sich ergeben, wenn wir nicht auf die Traditio-

nen und damit Defizite deutscher universitärer Theologenausbildung fixiert sind?

(9) Haben wir schon die Neigung verloren, Erkenntnis- und Forschungsprozesse den Universitäten zu überlassen, für unsere Ausbildung aber von einem scheinbar selbstverständlichen Wissen auszugehen?

(10)Treiben wir Theologie mit schlechtem Gewissen als etwas, was die Erweckung ja eigentlich nur stört nach dem Motto „Jesus lieb haben ist besser als alle Theologie"?[6] Oder wissen wir es und vermitteln wir und kämpfen wir dafür, dass das keine Gegensätze sind: Theologie und Erweckung, theologische Erkenntnis und Jesus-Begegnung; dass es vielmehr gilt, durch die theologische Arbeit hindurch Christus zu begegnen; dass sich die Wirklichkeit des dreieinigen Gottes je mehr erschließt, je mehr wir uns auch mit Hilfe theologischer Arbeit auf seine Offenbarung einlassen; dass es darum keine Erweckung geben kann, die an der theologischen Arbeit vorbei geschieht; dass umgekehrt nur ein erwecktes Denken wirklich Theologie treibt, zu einer Gotteserkenntnis aufbricht, die nicht sich selbst, die eigenen Systeme und Gedanken, sondern Gott und seine Wirklichkeit sucht? Wissen wir es schon und folgen wir dem schon, dass Erweckung und Theologie einander bedürfen?

---

[6] Vgl. dazu jüngst den Beitrag von Rolf Hille: Das spannungsreiche Verhältnis von evangelikaler Theologie und evangelikaler Bewegung, in: Evangelikale Theologie, Mitteilungen 9/1, Mai 2003.

TEIL B:
Perspektiven –
Theologische Zukunft gewinnen

Der Herausforderungen sind wir uns sicherlich alle bewusst. Sie sind eher noch größer als geschildert. Wir konnten sie ja nur andeuten. Aber wie reagieren wir? Gibt es das eine Konzept, die eine Perspektive, die dafür sorgt, dass unsere Ausbildung und Theologie nicht konzeptionslos in eine Anzahl von Richtlinien auseinander fällt, die uns wichtig geworden sind? Wir gehen aus von einer scheinbar unbedeutenden Selbstkorrektur, die Paulus in seinem Brief an die Galater unternimmt. Man überliest sie schnell –, aber wie dankbar dürfen wir sein, dass sie stehen geblieben ist, dass weder Paulus noch ein späterer Redaktor sie eliminiert hat.

In Galater 4,8f. schreibt Paulus: „Damals jedoch, als ihr Gott nicht kanntet, dientet ihr denen, die von Natur nicht Götter sind; jetzt aber habt ihr Gott erkannt" – und nun kommt die entscheidende Pointe, die als Selbstkorrektur rhetorisch besonders markiert ist: „vielmehr (*mallon*), oder besser: ihr seid von Gott erkannt worden, ihr seid von Gott erkannt. Wie könnt ihr ..."

Viel mehr als dieses „vielmehr" braucht es nicht, um den fundamentalen Ansatz unserer Theologie zu entfalten. Viel mehr als die Bewegung, die dieses „vielmehr", „oder besser" provoziert und die Paulus dann auch gedanklich/verbal nachvollzieht, kann man nämlich gar nicht sagen.

Paulus lässt sich in seinem Gedankengang, in seiner Theologie, in seinem selbstbewussten Reden über die Gotteserkenntnis der Galater (und die eigene!) unterbrechen. Er konjiziert sich.

Ihr habt Gott erkannt, vielmehr: ihr seid von Gott erkannt worden. Wie könnt ihr denn dann noch ... Das ist der Dreischritt, den wir in der nun folgenden wissenschaftstheoretischen Grundlagenreflexion über unseren Begriff von Theologie gehen möchten –, ein Dreischritt, den Paulus einer Unterbrechung verdankt, die auch für uns allen Nachdenkens wert ist und die unsere Theologie erst zu Theologie, zu Gotteserkenntnis werden lässt. Paulus lässt sich unterbrechen vom Geist Gottes selbst, der ihm zeigt, was allem Christsein, allem Gott-Erkennen von Seiten des Menschen vorausgeht, was es erst konstituiert.

Theologie beginnt nicht mit sich selbst, sie ist
(1) Erkanntwerden, Erkanntwordensein von Gott; sie ist erst dann
(2) Gotteserkenntnis. Aus diesem eigenen Gott Erkennen resultiert
    dann erst die
(3) Anleitung anderer zur Gotteserkenntnis: das Reden davon, wie
    Gott zum Autor unserer Lebensgeschichte geworden ist. – Das
gibt uns die Gliederung vor.

a) Von Gott erkannt

Paulus fabuliert nicht abstrakt über die Gotteserkenntnis der Galater.
Er will seine Adressaten korrigieren und spürt, dass er tiefer graben
muss, dass er die Fundamente noch tiefer legen muss. Und er tut, was
er so oft tut. Er setzt so fundamental an, wie es nur geht. Er setzt nicht
mit dem Menschen an, auch nicht mit dem frommen Menschen, auch
nicht mit dem bekehrten Menschen. Er baut seine Theologie nicht an-
thropozentrisch, sondern theozentrisch auf. Er setzt nicht auf das Bewusstsein der Christen und Theologen, er setzt vielmehr beim Handeln Gottes an. Er beginnt nicht mit unserem frommen Bewusstsein,
unseren Empfindungen oder auch Erkenntnissen, sondern mit Gottes
geschichtlichem, heilvollem Tun. Er entwickelt das, was er zu sagen
hat, seine Theologie, nicht abstrakt. Er stellt sie vielmehr in einen geschichtlichen Zusammenhang hinein, den weder er noch die Leser, an
die er sich wendet, konstituiert haben –, dem sich vielmehr alle miteinander verdanken: Gott hat sie erkannt. In direkter Aufnahme heb-
räisch-biblischer Semantik geht es hier – etwa in Analogie zum alttes-
tamentlichen Reden vom Erkanntwerden des Volkes Israel durch
Gott in der Wüste (Hos 13,5; Am 3,2) – um ein Heils-, ein Rettungs-,
ein Herausrettungshandeln, einen geschichtlichen Vorgang, durch
den dem Betroffenen, Geretteten doch seinerseits erst Gotteserkenntnis ermöglicht wird. Gott hat uns erkannt, errettet, erwählt,
ergriffen – jeden Einzelnen geschichtlich, in einer konkreten Biographie. Dieser Sachverhalt ist Paulus so wichtig, oder besser, vielmehr:
er wird Paulus so wichtig gemacht, dass er sich unterbricht und ihn
zur Basis alles Weiteren macht.

Für unseren Theologiebegriff ergeben sich schon hier elementare
und programmatische Konsequenzen. Von Gott erkannt, das heißt

1. Theologie ist Wissenschaft von der Geschichte Gottes mit uns

Theologie kann nicht geschichtslos denken. Sie kann nicht so tun, als wenn nichts gewesen wäre. Sie kann nicht im luftleeren Raum beginnen. Korrekt, angemessen vollzieht sie sich nur da, wo sie sich ihrer Konstitutionsbedingungen ständig bewusst ist und wo diese Konstitutionsbedingungen auch in ihre Kategorien eingehen, ihre Kategorien, Terme, Grundsätze bestimmen. Theologie wird sich um Systematisierungen bemühen dürfen, sie wird systematische Theologie sein dürfen –, aber sie wird doch nie System sein können.

1.1 Systematische Theologie – aber nie abstraktes System

Theologie wird als biblische und auch als systematische Theologie dem Logos Gottes nach-denken, wie er sich geschichtlich, in der Geschichte Israels und – seinen Höhepunkt findend – in der Inkarnation des Logos Christus Jesus offenbart und manifestiert hat. Darin besteht ihre Aufgabe. Aber sie wird doch nie davon absehen können und dürfen, dass sie selbst sich dem Logos verdankt, dem sie nach-denkt; sie wird diesen Logos, der der Logos der ganzen Welt ist, rekonstruieren dürfen. Sie wird darin doxologisch sein, dass sie Gottes Taten und seine Wirklichkeit preist. Aber sie wird sich um des Preises der Herrlichkeit des Logos willen gerade davor hüten, der Welt, der Geschichte und vor allem Gott ihren Logos, ihre Vernunft, ihr Gesetz aufzuzwingen, sich selbst und nicht Gottes Gesetz in allem Geschaffenen sich widerspiegeln zu lassen.

Theologie vollzieht sich systematisch, geordnet, aber nie als abstraktes, von der Gottesbeziehung losgelöstes System. Ihr Logos ist der in Jesus Christus geoffenbarte Logos Gottes. Diesen hat sie nie abstrakt, sondern immer nur im Nachvollzug, aufs Engste bezogen auf diesen einen, dem sie nachfolgt, nach-denkt. Erst diese Nachfolge bewahrt sie davor, Buchstabe zu sein, und hilft ihr dazu: Wegweiser zum Leben zu werden.

Theologie vollzieht sich darum nie abstrakt, sondern konkret, herausgefordert, angefochten, problembezogen. Das beste Beispiel ist das völlige Fehlen einer ausgeführten Systematischen Theologie bei Martin Luther. Sein ganzes Lebenswerk ist ein einziges Ringen mit konkreten Herausforderungen, Anfechtungen, Nöten, die er dann sehr wohl reflektiert, geordnet, systematisch angehen kann –, aber eben nur im doppelten Bezug: bezogen einerseits auf die konkrete Lebenswirklichkeit, bezogen andererseits auf den Logos, den es für diese Situation zu entfalten, dem es in ihr Raum zu geben gilt. Wir können nicht so tun, als wenn nichts gewesen wäre. Das weist der Geschichte Israels – aber eben auch der Kirchengeschichte – eine enorme Bedeutung zu. Dies eine haben sie zu verdeutlichen: das Vielmehr des „Ihr seid doch schon von Gott erkannt".

1.2 Gott erkennt mich im Lebensvollzug – Theologie geschieht biographisch

Meine Biographie ist Teil meiner Theologie. Zunächst ein Wort zur Abgrenzung: Dass Theologie und Biographie aufs Engste zusammenhängen, bedeutet eben nicht, dass die Aussagen über Gott der Subjektivität des modernen oder postmodernen, „Theologie" treibenden Individuums überantwortet wären. Es wäre ja der Bankrott, das Ende einer jeden im Gegenüber und in der Unterscheidung von der Anthropologie ihre Identität findenden Theologie, wenn die jeweilige Anthropologie oder noch banaler: das jeweilige Meinen und Für-Wahr-Halten, das religiöse Bewusstsein eines Individuums oder einer Gruppe zum Kriterium theologischer Aussagen würde. Genau solchen Tendenzen, wie sie uns in der Geschichte der Kirche mannigfach, in der Gegenwart aber geradezu gehäuft, weil programmatisch begegnen, ist ja zu wehren.

Dass sich in der Theologie eines Menschen seine Biographie widerspiegelt, macht nicht die Biographie zum Maß der Theologie, sondern fordert im Gegenteil, dass die Theologie, das, was wir in der Heiligen Schrift von Gott wahrnehmen, zum Maß der eigenen Biographie wird. Sicher wird ein Prediger, Missionar, ein Christ nur das weitergeben können von Gott, was er im eigenen Leben erfahren hat, was sich ihm im Miteinander und auch im Gegeneinander, sprich: in der Spannung von Schrift und Leben, Offenbarung und Biographie erschlossen hat. Gerade dieser Sachverhalt kann uns aber doch nur Ansporn sein, nicht die eigene, immer begrenzte, nur vorläufige Erschließung der Wirklichkeit Gottes mit der Offenbarung selbst in Eins zu setzen. Es muss uns ja im Gegenteil veranlassen, nicht uns selbst zur Norm von Offenbarung, sondern promissional, verheißungsorientiert, die eben noch nicht, nie auszuschöpfende Offenbarung zur Norm, zum Horizont unserer Vita zu machen. Dabei gilt es und gibt es dann unglaublich viel zu entdecken. Christliche Theologie leitet zunächst dazu an, schon für die eigene Biographie davon auszugehen und damit ernst zu machen: Du bist von Gott erkannt! Gott ist dir in deinen Lebensumständen mannigfach, Gott ist dir schließlich und vor allem persönlich durch die geschichtliche Vermittlung des Wortes von der Versöhnung begegnet. Dein Leben ist selbst ein Stück Theologie. Erkennet Gott auf allen euren Wegen! Du bist selbst Handarbeit Gottes. Das heißt einerseits: Du bist einzigartig, ein Original, ein einzigartiger Gegenstand der ganz besonderen, geschichtlich einmaligen Zuwendung und Suche Gottes nach dir. D. h. andererseits: Auch in deinem Leben spiegeln sich die Eigenschaften des Gottes wider, der will, dass alle Menschen zur Erkenntnis der Wahrheit kommen und ewiges Leben haben (1 Tim 2,4). Damit ist gewährleistet, dass es im christlichen Glauben nicht um irgendeine x-beliebige, gar freie Spiritualität geht, sondern um die Erfahrung des Geistes, der seine Funktion exklusiv darin sieht, die Menschen alles zu lehren und an alles zu erinnern, was Christus ihnen gesagt hat (Joh 14,26), genau wie Christi Auftreten zum Erweis der Gerechtigkeit des Vaters geschieht und allein die Funktion hat, die Herrlichkeit des Vaters und seine Herrschaft über seine gefallene Schöpfung wiederherzustellen.

Es ist ein überaus faszinierendes Unternehmen, dazu anzuleiten, nicht irgendwelche religiösen Erfahrungen, sondern die Fußspuren dieses lebendigen, dreieinigen Gottes im eigenen Leben zu identifizieren. Dies vollzieht sich in der Durchdringung von Wort und Lebenswirklichkeit in einer doppelten Weise: Einerseits rückwärts gewandt, andererseits aber auch promissional, verheißungsorientiert, in dem oben bereits angegebenen Sinn. Wie unsere Biographie theologisch entziffert werden darf als Geschichte des heiligen, barmherzigen Gottes mit uns, so darf Theologie in Zukunft weiter Gestalt gewinnen in unserem Leben; liegt das Ziel christlichen Lebens darin, dass sich die in den biblischen Offenbarungs- und Lebenszeugnissen niederschlagenden Erfahrungen mit Gott auch in unserer Biographie zu Lebenszügen werden, sodass wir wie die biblischen Zeugen in das Lob Gottes einstimmen können. So wird biblische und systematische Theologie zu einem eminent praktischen Unternehmen. Theologie kommt aus der Geschichte Gottes und eröffnet weitere Geschichte Gottes. Sie beruht darauf, dass Gott uns erkannt hat, und sie leitet an, dass wir Gott noch tiefer, noch umfassender, noch deutlicher erkennen.

Damit ist schon impliziert, was nun noch näher zu entfalten ist:

2. Unsere Theologie ist dankbare Antwort auf die sie allererst ermöglichende Gnade, und sie geschieht allein aus Gnade

Theologie beruht auf der *gratia praeveniens* (der zuvorkommenden Gnade). Sie weiß sich bleibend abhängig von der Zuwendung Gottes. Unsere Theologie weiß nicht nur um diese ihre ihr fremden, äußerlichen Konstitutionsbedingungen. Sie verdankt sich ihnen vielmehr in einem dreifachen Sinne: ontisch und noetisch (oder besser doxologisch) und schließlich ethisch-pragmatisch. Gott erweist seine Liebe gegen uns darin, dass Christus, als wir noch Sünder waren, für uns gestorben ist (Röm 5,8)! Kann man das anders als dankend sagen? Müssen wir auf das Geschenk einer solchen neuen Existenz nun nicht auch mit unserem ganzen Leben in allen seinen Vollzügen antworten und danken? Für alle ist er gestorben, damit die, welche leben, nicht mehr sich selbst leben, sondern dem, der für sie gestorben und auferweckt worden ist (2Kor 5,15).

Also, unsere Theologie weiß um das eine Handeln Gottes, dem sie alles, dem sie sich selbst verdankt, und dieses Wissen bleibt nicht theoretisch, sondern äußert sich als Dank und findet eine dementsprechende Gestalt. In einer durch Dankbarkeit bestimmten Gestalt wirkt sie per se missionarisch.

2.1 *Theologie verdankt sich dem Handeln Gottes*

Wir können nichts dafür, dass Gott sich uns gnädig zugewandt hat. Theologie ist aber nicht nur auf die *gratia praeveniens* angewiesen, sondern auf die *gratia manens*, durch die das Wort Gottes bei ihr bleibt. Theologie geschieht im Bewusstsein, dass auch nach diesem einen großen Rettungsakt, mit der Gott die Geschicke der Welt gewendet und nun und dann auch unser Leben erreicht hat –, dass auch danach die Gnade Gottes, seine Zuwendung, bleibende Voraussetzung für unser theologisches Tun ist. Das genau zeigt ja Galater 4,8. Die Erwählung und Rettung hat ja stattgefunden. Und dennoch macht Paulus die Gotteserkenntnis der Galater nun nicht zum Ausgangspunkt. Sie sind nicht *beati possidentes*, die nun im sicheren Besitz dieser Gnade weitergehen; sie sind die, die bleibend erinnert werden müssen an das, was Gott für sie getan hat. Gott hat uns erkannt –, das ist und das bleibt das Fundament. Wir leben davon, dass wir die Wahrheit nicht „haben"; dass Gott sich uns vielmehr immer wieder gnädig zuwendet. Wir leben davon, dass er selbst die von ihm ja neu gestiftete Subjektivität immer neu und immer wieder in die sie allein erhaltende und bewahrende Relationalität der Gottesbeziehung integriert und unsere Theologie nicht unfruchtbar, nicht diabolisch werden lässt. Wir leben mit anderen Worten davon, dass wir im Bewusstsein behalten, vielmehr: dass Gott uns im Bewusstsein hält: „Wir sind Bettler – das ist wahr!" Wir sind und bleiben als Gerechtfertigte doch Sünder. Wir sind auch weiterhin durch den Drang beeinflusst, selbst Gott sein zu wollen und darum nicht zu wollen, dass Gott Gott ist. Wir sind und bleiben solche, die sich selbst auch in ihrer Theologie konstituieren wollen, in ihrem Bestand und in ihrem Wissen also gerade nicht bleibend abhängig sein wollen von dieser Gnade, diesem Von-Gott-Erkannt-Werden.

2.2 Theologia regenitorum geschieht allein aus Gnaden

Das hat Konsequenzen. Theologie der Begnadeten geschieht aus Gnade, *sola gratia*. Sie ist *theologia regenitorum*, Theologie derer, die Gott begnadigt, errettet, die er wiedergeboren hat. Doch das ist nun näher zu bestimmen. *Theologia regenitorum* – d. h. ja einerseits wiederum: Wir können nicht so tun, als wenn nichts gewesen wäre, oder als wenn nichts ist. Denn das ist ja Voraussetzung für christliche Theologie, ohne die sie nicht möglich ist: Sein Geist bezeugt mit unserem Geist, dass wir Gottes Kinder sind (Röm 8,16). Das ist geradezu Bedingung aller christlichen Theologie: So viele durch den Geist Gottes geleitet werden, die sind Söhne Gottes (Röm 8,14). *Theologia regenitorum* – das heißt freilich andererseits und genauso: Es gibt eine letzte, nicht zu überholende Differenz zwischen dem, der uns wiedergeboren hat, und der Theologie, die er uns durch seine wunderbare Gnade schenkt, wiewohl wir Sünder sind und bleiben. Und es gibt eine letzte Differenz zwischen unserer gelingenden, fruchtbringenden Theologie und unserer Existenz. Ein theologischer Ansatz, der diese Differenzen nicht wahrnimmt, befördert Sektierertum und einen schlechten, biblisch nicht akzeptablen „Fundamentalismus".

Gerade dass wir *theologia regenitorum* treiben, bedeutet, dass wir wissen, dass das, was wir im besten Falle sagen, nicht unser ist, nicht von uns kommt, nicht seine Quellen in uns hat; dass wiederum gilt: Nicht wir erkennen Gott und geben unsere Gotteserkenntnis weiter, sondern umgekehrt: Gott hat uns erkannt, gebraucht, ist durch uns –

als Medium – zur Wirkung gekommen. Mit Paulus gesprochen: nicht dass wir von uns aus tüchtig (*hikanos*) wären, etwas (theologisch) zu denken, zu erwägen, als aus uns selbst, sondern unsere Tüchtigkeit ist von Gott, der uns auch tüchtig gemacht hat zu Dienern des neuen Bundes, nicht des Buchstabens, sondern des Geistes (2Kor 3,4f.). Die pneumatische Theologie, von der hier die Rede ist, hat ihr Kennzeichen also gerade darin, dass ihr Subjekt der Geist ist und nicht der Mensch. Genau das muss der Mensch, der sich vom Geist Gottes gebrauchen lässt und sein Diener sein will, immer im Bewusstsein halten. Denn er selbst ist als solcher ungenügend, er selber reicht eben nicht aus zu der Theologie, auf die es hier ankommt.

Nicht tüchtig sein als aus uns selbst –, da ist sie wieder – die Selbstkorrektur des Paulus, der Theologie eben nicht auf menschliche Gotteserkenntnis stellt, sondern auf Gott blickt und damit rechnet, dass Gott uns einfach gebraucht. Das, was dann dabei entsteht, wird man in seiner Identität an seinen Früchten erkennen.

Ein *theologus regenitus* weiß: Ich bin nicht tüchtig. Seine Haltung ist: Herr, ich bin nicht würdig, dass du in mein Haus kommst. Sprich nur ein Wort –, sprich du dein Wort. Das ist genug (Mt 8,8). Es ist dieses Sich-Zurücknehmen, die Einsicht in die eigene – drastisch formuliert – Unfähigkeit, Gott, diesen Gott, zu erkennen, weiterzusagen, gar zu beherbergen im eigenen Leben; es ist der Appell an die auch dem, ja gerade dem *theologus regenitus* allein bleibende Gnade, die unter der Verheißung steht: Lass dir an meiner Gnade genügen; denn meine Kraft wird in Schwachheit vollbracht (2Kor 12,9). Dies ist das Grundgesetz des Wirkens Gottes. Es ist das Gesetz, das auch für alle aus Gnade lebende und zur Gnade führende Theologie gilt.

Und wehe dem, der sich hier, gerade hier mit falschen Federn schmückt und diese Abhängigkeit vom Wirken des Geistes für seine lebendige Theologie übersieht! Wer meint, eine wahre Theologie „auf Flaschen ziehen", einen Bestand an theologischen Wahrheiten sichern, sicherstellen zu können, der wird in ihr nach kurzer Zeit genauso Würmer finden, wie die Israeliten, die meinten, ihr Manna – die Gottesspeise – auf Lager halten und auf diese Weise doch etwas unabhängiger werden zu können von dem Gott, der sie ihnen Tag für Tag geben wollte. Die Sterilität und Unfruchtbarkeit der orthodoxen altprotestantischen Lehrsysteme ist uns hier ein warnendes Beispiel.

Nicht, dass ich hier missverstanden werde! Nicht, dass es auf Orthodoxie, auf reine Lehre nicht ankäme! Nicht, dass sie, die gesunde Lehre und dementsprechend das Ringen um sie, nicht eine notwendige Bedingung der Existenz von Kirche wäre! Eine notwendige schon, aber eben keine hinreichende, keine ausreichende. Auch die beste dogmatische Distinktion holt ja die Wirklichkeit Gottes nicht ein; auch die rhetorisch, homiletisch, theologisch bestens ausgearbeitete Predigt macht als solche nicht den Geist Gottes präsent. Mit Paulus: Wir sind untüchtig, nicht ausreichend, soweit es auf uns selbst ankommt. Wir sind nicht überflüssig –, aber das, was wir tun können, das ist allenfalls, uns maximal und optimal Gott zur Verfügung zu stellen. Das impliziert eine letzte – oben angesprochene – Differenz zwischen uns, unseren theologischen Positionen und Systemen und Gott selbst. Wiederum mit Paulus: Wir verkündigen nicht uns selbst, sondern Jesus Christus. Selbst die bestausgearbeiteten Theologien präsentieren nicht Christus. Es gibt und es bleibt eine letzte, nicht einholbare Differenz zwischen der Wahrheit des christlichen Glaubens, die allein einer ist, Jesus Christus, und unseren Versuchen, diese Wahrheit sachgemäß auszusagen.

Um es paradox, aber richtig zu sagen: Sachgemäß, wahr werden wir nur dann reden, wenn unsere theologischen Aussagen in sich und als solche unwahr sind, d. h. notwendig über sich hinausweisen auf den, der sie allein bewahrheiten, durch seine Präsenz wahr machen, bestätigen kann. Falsch, unsachgemäß sind ja nach Paulus alle Sätze, die aus sich selbst tüchtig sein wollen, befriedigen wollen, den Adressaten bei uns und nicht bei Christus zur Ruhe bringen wollen; die also nicht über sich selbst hinausweisen auf Christus.

So wenig ist Paulus überzeugt von der automatischen Wahrheit christlicher Theologie, dass er gerade dort, wo ein Wort als Wort Gottes an die Gemeinde ergeht, fordert: Ein oder zwei lasst reden, die anderen aber urteilen (1Kor 14,29)! Wo wir diese Differenz nicht mehr machen zwischen unserem Wort und Gottes Wort, zwischen unserem Reden und Theologisieren und seiner Wirklichkeit, zwischen der Bibel und unserer Auslegung –, da droht Sektierertum.

Umgekehrt, da, wo *theologia regenitorum*, pneumatische Exegese um diese letzte, beglückende, hilfreiche, entlastende Differenz weiß, da wird man vor ihr und den Ansprüchen derer, die sie treiben, keine Angst mehr haben –, weil man in diesen wiedergeborenen Theologen demütigen Leuten begegnet. Ihnen ist eines mehr bewusst als alles andere: dass sie auf Gottes Gnade angewiesen sind und dass sie dieser zwar gewiss sein dürfen, aber nie sicher sein können.

3. Unsere Theologie ist hörende und gehörende, bindende und gebundene Theologie

3.1 *„Ein Zwang liegt auf mir"*

Ihr habt Gott erkannt, vielmehr, oder besser: Ihr seid von Gott erkannt worden. Diese Denkbewegung spiegelt eine Lebensbewegung wider, von der niemand besser als Paulus weiß. Und diese Denkbewegung ist heute aktueller denn je. Unsere Theologie ist keine beliebige Sache. Theologie ist kein Glasperlenspiel, das man freiwillig oder beliebig gestalten kann.

Eure Gedanken von Gott, ja eure ganze Religiosität und Spiritualität hängt in der Luft, wenn sie nicht fundiert, verankert, eingebunden ist in den Akt, in die Beziehung, mit der sich Gott auf euch bezogen hat und noch bezieht. Hier, in eurem Erkannt-Werden von Gott, liegt erst die Möglichkeit eurer eigenen Gotteserkenntnis. Dieses Erkannt-Werden durch Gott ist auch der einzige Raum, in dem eure Gotteserkenntnis angemessene Wirklichkeit wird.

Wieder gilt: Wir können nicht so tun, als wenn nichts gewesen wäre. Wir fangen nicht bei Null an –, ganz im Gegenteil: Das Entscheidende ist schon geschehen. Gott hat sich uns geoffenbart und uns durch den Akt, mit dem er sich uns zeigt, bereits in die Pflicht genommen. Da gibt es keinen Spielraum; da gibt es nur noch Gehorsam, Entsprechung.

Ein Zwang liegt auf mir, schreibt Paulus an die Korinther (1Kor 9,16; vgl. Apg 4,20; 18,5). Wehe mir, wenn ich das Evangelium nicht verkündigte. Ich kann mir auf meine Theologie und Verkündigung gar nichts einbilden, weil ich diese Akte ja nicht freiwillig, sondern notgedrungen vollziehe. Ich kann nicht anders. Ich muss so tun. Wie schon bei Jeremia (20,7) stehen wir vor einer atemberaubenden Verortung von Theologie. Einerseits beschneidet sie den Spiel-Raum, der uns neuzeitlichen, Theologie treibenden Subjekten doch so wichtig ist. Andererseits verschafft sie die Gewissheit, bringt sie die unhintergehbare Gewissheit, nach der wir als moderne System-Sandkasten-Spieler doch so verzweifelt suchen.

Gott ist diesem Paulus so sehr auf den Pelz gerückt, dass Theologie hier jeden unernsten Charakter einer akademischen Spielwiese für schöngeistige Gedankenkonstruktionen verloren hat. Hier gibt es keine methodische Abstraktion vom Gottesgedanken; kein vornehmes Zurückstellen des Gottesgedankens; kein der *political correctness* postmoderner Dialogkonzepte entsprechendes Offenhalten der Frage nach Wahrheit, die sich erst im Prozess des Dialoges ergibt; keine postmoderne Beliebigkeit und keinen angemaßten Gottesstandpunkt, mit dem Theoretiker des interreligiösen Dialogs meinen, sich aus ihren jeweiligen Wirklichkeitszusammenhängen herausreflektieren und über die bloß bedingten Realitäten der geschichtlichen Religionen und ihrer Gotteserfahrung stellen und die letzte Wahrheit über die Religionen erkennen zu können. Christliche Theologie geschieht nicht voraussetzungslos. Sie geschieht allein unter dieser einen Voraus-Setzung, die sie überhaupt erst ermöglicht hat und von der sie niemals absehen kann: Ihr seid von Gott erkannt. Sie geschieht nicht standortlos und allgemein einsehbar, sondern nur auf der Basis dieses einen Standortes, den sie nicht subjektiv-willkürlich bezogen oder konstituiert hat, auf den vielmehr Gott selbst sie positioniert hat: Ihr seid von Gott erkannt; Gott hat euch erkannt und in ein Lebensverhältnis zu sich gestellt, von dem ihr nicht absehen, das ihr nur noch bezeugen, das ihr zwar nicht ausweisen, auf das ihr aber gerade mit der gebundenen Form eurer theologischen Redeweise hinweisen könnt.

3.2 Furcht Gottes als principium cognitionis
Glaube als Ver-Ortung aller angemessenen Erkenntnis

Die Konsequenzen sind dramatisch. Wenn Theologie eine Standpunktwissenschaft ist, ist sie dann überhaupt noch Wissenschaft? Ist ihr dann überhaupt noch Wahrnehmung, unverstellte Wahrnehmung von Wirklichkeit möglich? Treten dann Glauben und unvoreingenommenes Erkennen nicht in einen letzten, prinzipiellen Gegensatz? Das Gegenteil ist der Fall. Es zeigt sich, dass erst der Glaube zum Denken befreit; dass erst die Bindung an Gott von Denkhindernissen befreit, die eine authentische Wahrnehmung von Wirklichkeit verstellen.

Ihr seid von Gott erkannt, d. h.: Gott selbst hat euch in ein Verhältnis zu sich gesetzt, das Gottes- wie Welterkenntnis erst ermöglicht. Entgegen der klassischen, vor allem im deutschen Idealismus aufbrechenden Konkurrenz von Vernunftwissen und Offenbarungswissen, Glauben und Erkennen, Glauben und Denken stehen wir hier vor einer fundamental anderen Verhältnisbestimmung. Glauben und Wissen stehen nicht in einer inhaltlichen Konkurrenz zueinander. Glauben als Beziehung zu Gott ist vielmehr die Verortung, die Ortsanweisung, an der und aus der heraus angemessene Wirklichkeits-wahrnehmung möglich ist. Glauben meint eine bestimmte seinsmäßige Verortung des Denkens und Erkennens. Analog formuliert schon die alttestamentliche Weisheit, dass die Furcht Gottes der Anfang, das Prinzip gelingender Erkenntnis ist (Spr 1,7 u. ö.). Glauben und Wissen bzw. Erkennen stehen darum nicht in einer direkten, inhaltlichen Konkurrenz zueinander, sondern sind kategorial zu unterscheiden. Glauben meint eine ontische, Erkennen/Wissen eine noetische Größe.

Die zentrale und anstößige Behauptung geht nun freilich dahin, dass allein diese spezielle Verortung und Ortsbestimmung des Erkennens angemessene Erkenntnis von Gott, Mensch und Welt ermöglicht. Worin ist dieser Anspruch begründet, oder umgekehrt gefragt: Bedeutet dieses „Gefangennehmen unter den Gehorsam des Christus" (vgl. 2Kor 10,5), dieses Einbinden des Erkenntnisaktes nicht doch auch eine inhaltliche Beschneidung der Erkenntnis?

Dass der Glaube nicht nur legitimer, sondern prinzipiell allein möglicher Ort gelingender Erkenntnis ist, erschließt sich sofort, wenn man sich einerseits das Basisproblem von wissenschaftlicher Erkenntnis und Sprüche 1,7 als Kern der Erkenntnistheorie Israels andererseits näher vergegenwärtigt. Die wissenschaftstheoretischen Debatten des 20. Jahrhunderts zeigen sehr deutlich, dass eines der Grundprobleme wissenschaftlicher Forschung erkenntnisanthropologischer Natur ist. Dem wissenschaftlichen Erkenntnisfortschritt steht der dem wissenschaftlichen Subjekt eigene Wille zur Beharrung bei den eigenen Theorien entgegen. Wissenschaftlicher Fortschritt, die Erweiterung der Erkenntnis lebt davon, dass die Erkenntnissubjekte darauf verzichten, ihre eigenen Theorien gegen jede Korrektur und Kritik zu immunisieren. Immunisierung ist zwar prinzipiell möglich, lässt Wissenschaft aber zu einem unfruchtbaren Geschäft werden. Umgekehrt gehört es offenbar zum Wesen des Menschen, sich selbst Bedeutung zu geben, indem er Gott, Mensch und Welt seine Bedeutungen gibt. Der Mensch maßt sich absolute Bedeutung an, indem er seine Bedeutungen (auch Theorien) über Gott, Menschen und Welt universal durchzusetzen sucht. Mit F. Nietzsche formuliert: Auch der Wissenschaftler ist „Wille zur Macht", der sich sogar im wissenschaftlichen Procedere durch theoretische Interpretationen, weniger freundlich: durch Überwältigungsakte selbst durchzusetzen sucht. Mit anderen Worten: Wissenschaftlich nötig wäre eine Offenheit und Bereitschaft, die eigenen Erkenntnisse zu hinterfragen und zu kritisieren. Wissenschaftsgeschichtlicher Fakt ist genau das konträre Verhalten. Der große Wissenschaftsphilosoph K. R. Popper durchschaut zwar diesen Wissenschaft lähmenden Sachverhalt. Was er zu seiner Lösung beizutragen hat, wirkt dagegen eher rührend und erkenntnistheoretisch naiv. Popper appelliert schlicht an die Bereitschaft des Menschen, auf solche wissenschaftlichen Selbstbehauptungsprozesse zu verzichten. Reichen aber solche Appelle?

Wie nun ist die Bereitschaft zur Korrektur, zur Offenheit gegenüber neuen Wahrnehmungen, die vorhandene Theorien in Frage stellen, zu erreichen? Wenn die Diagnose stimmt, ist die Antwort nicht schwer. Wenn das Problem erkenntnisanthropologischer Natur ist, kann es auch nur auf dieser Ebene gelöst werden. Das Problem besteht darin, dass der Mensch sich über seine Theorien und Wahrnehmungen selbst behauptet. Es besteht darin, dass er eben nicht fehlbarer Mensch, sondern Gott sein will, der sich und allem anderen seine Bedeutungen, sprich Theorien aufzwängt. Das Problem besteht philosophisch gesprochen darin, dass der Mensch „Wille zur Macht" ist, der sich allen anderen „Willen zur Macht" (Plural!) gegenüber selber durchzusetzen sucht. Das Problem besteht theologisch gesprochen darin, dass der Mensch Sünder ist und nicht will, dass Gott Gott ist, weil er selber Gott sein möchte. Die Lösung kann dann aber doch nur sein,

- dass der Mensch auf Selbstbehauptung verzichtet und das heißt auch verzichten kann,
- dass der Mensch einsieht, dass er eben bloß Mensch ist und nicht Gott,
- dass der Mensch darauf verzichtet, sich in theoretischen oder anderen Interpretations- als Überwältigungsakten selbst durchzusetzen, darauf aber auch verzichten kann, ohne seine Existenz aufs Spiel zu setzen,
- dass der Mensch sein Sünder-Sein einsieht und darauf verzichtet, Gott sein zu wollen, aber auch darauf verzichten kann, Gott sein zu müssen.

Wo sind diese Bedingungen gegeben? Antwort: allein dort, wo der Mensch Gott begegnet; wo Gott sich dem Menschen so zu erkennen gibt, dass dieser sein Menschsein durchschaut und annehmen kann; dass er seine Fehlerhaftigkeit durchschaut und annehmen kann; allein dort, wo Gott den Menschen in ein Verhältnis zu sich setzt, das ihn davon befreit, sich auf Biegen oder Brechen durchsetzen zu müssen.

Erkenntnis, Fortschritt der Erkenntnis, Kritik und Metakritik, Eingeständnis eigener Fehler wie immer unvoreingenommenere Wahrnehmung wird darum dort möglich und dort erst wirklich, wo Menschen von Gott erkannt sind. Glaube als Ort des Denkens befreit die Wissenschaft zu sich selbst. Die Furcht Gottes, die Einsicht, die nur im Gegenüber zu Gott entsteht, dass Gott allein Gott ist und ich nur Mensch bin, ist Bedingung der Möglichkeit jedes gelingenden Erkenntnisprozesses. Die im Gegenüber zu Gott wachsende und geschenkte Demut des Menschen ist theologisches Korrelat von Offenheit als Zentralvoraussetzung philosophischer Erkenntnis. Diese ist möglich nur dort, wo das Erkenntnissubjekt dem Gegenstand nicht die eigenen Kategorien und Einsichten überzustülpen und ihn ins Prokrustesbett eigener Kategorien zu stecken sucht, sondern sich demütig und offen einer Wirklichkeit stellt, ohne deren angemessene Wahrnehmung es doch nicht leben kann.

3.3 Hörende Theologie

Theologie ist hörende Wissenschaft. Sie redet aus dem Hören. Sie redet – nicht, was sie will, sondern Gottes Willen. Sie sieht, was verheißen ist, sieht ihre Welt daraufhin an, wie Gott in ihr Gestalt gewinnen will. Ihr seid von Gott erkannt! Das ist das Datum, das es *wahr*-zunehmen gilt und auf das es zu reagieren gilt: Dies ist das ewige Leben, dass sie dich, den allein wahren Gott, und den du gesandt hast, Jesus Christus, erkennen (Joh 17,3).

Mit dem eben geschilderten Zentralproblem der Wissenschaftstheorie ist nun freilich zugleich auch schon das Fundamentalproblem theologischer Erkenntnislehre anvisiert. Dass alle Lebensäußerungen inklusive der Lektüre der Heiligen Schrift und theologischer Wirklichkeits-Wahrnehmung ein Interpretieren-Wollen, ein Überwältigen-Wollen, ein Gewaltsam-den-eigenen-Begriffen-Unterwerfen-Wollen ist, das gilt ja nun auch, ja verstärkt, auch für den Bereich der Theologie.

Gerade beim Vollzug zugemuteter Gotteserkenntnis zeigt es sich ja am ehesten, dass der Mensch selber Gott sein will und nicht wollen kann, dass Gott Gott ist. Gerade hier zeigt es sich ja besonders deutlich, dass das Wesen des gefallenen Menschen Feindschaft wider Gott, Aufstand gegen Gott, Widerspruch gegen Gott ist (Röm 8,7). Betrachtet den, der so viel Widerworte erduldet hat (Hebr 12,3). Die Fleischwerdung des Wortes, in dem Gott dem Menschen nicht als Macht-, wohl aber als Vollmachtswort begegnet, dem man widersprechen, ja das man sogar buchstäblich mundtot machen kann, wird dem Menschen zum Gericht. Gerade die demütige, kondeszendente Gestalt des Sohnes wird dem Menschen zum Anstoß, an dem seine ganze Anmaßung, seine ganze Hybris offenbar wird. Dieser Mensch – so führt es uns 1. Korinther 1,18ff. vor – will ja selbst sogar noch bestimmen, wer und wie Gott ist – im Angesicht der Offenbarung Gottes in Person! Kann denn Hybris, kann denn Verblendung größer sein? Kann das Scheitern schlimmer sein?

Wahrnehmende Theologie ist darum eine todernste Sache; sie treibt ein Anliegen von letztem Gewicht. Rechte Theologie bindet darum den Menschen an den zurück, dem er gehört, damit er hört. Sie lässt sich daran erinnern: Menschliche Gotteserkenntnis ist nur da möglich, wo eingesehen und realisiert ist: Ihr seid bereits von Gott erkannt.

Theologie, die hören will, zieht daraus ihre Konsequenzen. Sie legt ein Schwergewicht auf die Hermeneutik. Sie sucht ideologiekritisch die hermeneutischen Selbst-Behauptungen auf, mit denen der Mensch sich selbst, aber nicht dem lebendigen Gott gehören will; mit denen er letztlich nur sich selbst und seinen eigenen Setzungen dessen, was Gott, Mensch und er selber ist, begegnet, aber sich dem entzieht, der diesen seinen Horizont gerade heilvoll sprengt. In diesen Setzungen des *homo incurvatus in se ipsum* (in sich selbst verkrümmten Menschen) hört er nur auf sich selber, aber nicht auf Gott; begegnet er nur sich selbst, aber nicht anderem, vor allem nicht Gott. Das lässt diese solipsistische Verkrümmung nicht nur als steril kritisieren, sondern als gefährlich.

Der erbitterte Widerstand gegen die verschiedenen Varianten einer nicht wirklich historisch-kritischen, sprich selbstkritischen (vgl. Karl Barths Mahnung: „Kritischer müssten mir die Historisch-Kritischen sein!"), sondern ideologisierten, weltanschaulich vorbelasteten Methode haben hier ihren Grund und ihr bleibendes Recht. Freilich, wie können wir hermeneutischen Entwürfen begegnen, die Gott selbst zensieren, ihre eigenen Voraus-Setzungen und Wirklichkeitskonstitutionen zur Norm dessen machen, was Gott sein kann und darf? Diesen Setzungen begegnen wir ja immer auch bei uns selbst –, wenn und sofern gilt, dass auch wir *simul peccatores et justi* sind.

Es gibt eine wunderschöne Antwort, die Johann Georg Hamann absolut sachgemäß, orientiert am Wesen Gottes als sich herablassende Liebe und Demut mit den Worten beschreibt: „Gott ein Schriftsteller! – Die Eingebung dieses Buchs ist eine eben so große Erniedrigung und Herunterlassung Gottes als die Schöpfung des Vaters und

Menschwerdung des Sohnes. Die Demuth des Herzens ist daher die einzige Gemüthsverfassung, die zur Lesung der Bibel gehört, und die unentbehrlichste Vorbereitung zur selbigen" (Über die Auslegung der Heiligen Schrift).

Diese Demut ist freilich genauso wie die wissenschaftstheoretisch geforderte Offenheit nicht in unsere Hand gegeben. Sie stellt sich nur da ein, wo wir uns noch einmal mit Paulus unterbrechen lassen, uns noch einmal mit ihm daran erinnern lassen, dass es nicht unsere Gotteserkenntnis ist, auf die es ankommt, sondern dass alles an dem einen hängt: Ihr seid von Gott erkannt.

b) Von Gott erkannt – Gott erkennen

Zum Profil unseres Theologiebegriffs:

Wir gehen nun einen Schritt weiter. Wir folgen der Logik der paulinischen Selbstkorrektur, wenn wir nun fragen: Was bedeutet es, von Gott erkannt, Gott zu erkennen? In vier Punkten sollen die Konsequenzen für unseren Begriff von Theologie erläutert werden. Zugleich ist zu begründen, warum uns auch die Frage nach der Wissenschaftlichkeit unseres Treibens nicht egal, aus theologischen Gründen nicht gleichgültig sein kann. Wir folgen in unserem Denken wiederum weiter den Anstößen der hebräisch-biblischen Semantik von jāda'. Offenbarungsbestimmt und offenbarungsgesättigt weist sie uns den Weg.

1. Unsere Theologie ist Partei: Ihre Interessenorientierung fördert die Erkenntnis und verstellt sie nicht per se

Eure Theologie ist Partei! Stärker könnte man den Einwand nicht formulieren, der von einer klassischen Erkenntnistheorie her unserem Unternehmen begegnet. Wir sahen ja: Von Gott erkannt, das bedeutet:

- wir sind nicht frei, sondern gebunden;
- wir stehen unserem Gegenstand nicht in so genannter objektiver Distanz gegenüber, sondern engagiert, ja verpflichtet;
- wir leben von dem, was wir zugleich erforschen sollen.

Muss da die Rückfrage nicht zunächst lauten:
- Seid ihr denn noch unabhängig?
- Könnt ihr denn noch objektiv sein?
- Mit anderen Worten: Ist das Ergebnis eures Tuns Erkenntnis, oder nicht vielmehr Ideologie, interessenbestimmt und alles andere als „objektiv"?
- Mit einem Wort: Ist eure Theologie Wissenschaft oder fromme Selbstbestätigung?

Diese Einwände sind ernst zu nehmen. Sie sind nicht nur missliche und verzichtbare Stolpersteine. Wir haben ja gesehen, dass es im Wesen des Menschen, auch des frommen Menschen liegt, sich über seine Behauptungen selbst zu behaupten und gerade nicht zu hören; sich gerade so auch dem leisen, leise anklopfenden Wort Gottes zu verschließen. Insofern uns die genannten Fragen auf diesen erkenntnis-anthropologischen Sachverhalt hinweisen, markieren sie eine Herausforderung, der auch wir uns stellen müssen. Wir begegnen diesem Problem in der Tat nur, wenn wir darauf beharren: Theologie ist *Erkenntnis*. Sie erhebt einen Erkenntnisanspruch, und sie will sich um ihrer Sache willen auch bei den Maßstäben behaften lassen, die für dieses Unternehmen „Erkenntnis", die für diesen Anspruch, etwas erkannt zu haben, gelten (s. Teil B, b 2).

Dass freilich Engagement, dass Interesse, dass eine Verortung in einem spezifischen Kontext bereits als solche ein Argument gegen die Sachhaltigkeit und Richtigkeit ihrer Aussagen sei, werden wir dagegen nicht akzeptieren können. Vielmehr ist mit wichtigen wissenschaftstheoretischen Diskursen des 20. Jahrhunderts festzuhalten:
- Eine Position eines Erkenntnissubjektes ist nicht Hindernis, sondern vielmehr Voraussetzung von Erkenntnis. Sie schlägt sich etwa schon in dem Axiomensystem nieder, das ein Wissenschaftler wählt (!) und das insofern immer eine subjektive, positionelle Komponente hat und das doch wissenschaftstheoretisch konstitutiv für den Erkenntnisakt ist.
- Auch ein dezidiertes Erkenntnisinteresse beeinträchtigt die Wahrnehmung nicht, sondern schärft sie recht verstanden erst. Je größer das Interesse an einer Frage, auch an der Richtigkeit einer bestimmten Position, umso präziser, umso engagierter wird man hingucken und sich doch auch mit den entgegenstehenden Positionen und ihren Argumenten auseinandersetzen. Interesse verbaut und verstellt Erkenntnis also gerade nicht, sondern ermöglicht und för-

dert sie allererst. Interesse stört nicht, sondern befördert Erkenntnis, Wahrnehmung der Wirklichkeit. Voraussetzung ist allerdings, dass es sich als Position der Auseinandersetzung stellt. Wo Christen darauf verzichten wollten, wären sie freilich nichts anderes mehr als eine religiöse Interessengemeinschaft, ein religiöser Club, ohne Belang und auch ohne Anspruch auf allgemeine, auf universale Bedeutung ihrer Botschaft.

• Entscheidend ist, dass das Interesse als solches noch nicht meine Position begründet; dass Interessenlagen keine Begründungen bedeuten; entscheidend ist das wissenschaftliche Gespräch, das heißt das Gespräch, in dem sich die eigene Position in *pro* und *contra* zu bewähren hat. Christen werden diesem Gespräch nicht ausweichen, sondern es suchen, weil ihr Zeugnis von Christus nur so relevant sein, nur so etwas bewirken kann. Sie werden dieses Gespräch freilich auch nicht fürchten müssen, wenn und sofern ihre Position richtig ist und gilt: Der dreieinige Gott ist der Herr der ganzen Wirklichkeit. Sollte dies nicht stimmen, hätte es ja umgekehrt auch wenig Sinn, auf einer solchen Position zu beharren.

• Wissenschaftstheoretisch ist hier zu unterscheiden zwischen Entdeckungs- und Begründungszusammenhang. So stellt etwa das Interesse an der Wahrheit, sprich Zuverlässigkeit der neutestamentlichen Osterbotschaft als solches noch kein Argument dar. Es ist freilich ein außerordentlich motivierender Entdeckungs-, Interessen- und Lebenszusammenhang, der uns heute wie Paulus damals zu Argumenten und Argumentationen führt, die sich im kritischen Gespräch, in der Auseinandersetzung über Ostern bewähren müssen und bewähren (vgl. 1Kor 15,2ff.). Christen werden diesen Begründungszusammenhang nicht scheuen, sondern suchen; sie werden ihn nicht scheuen müssen, weil sie ja wissen: Christus ist auferstanden von den Toten in Raum und Zeit; ein neuer Äon hat begonnen inmitten des alten. Und wir dürfen aus diesem Äon leben. Auch mit unserer theologischen Existenz sind wir Zeugen, Hinweiser auf diese Wirklichkeit, die unser theologisches Tun doch erst ermöglicht.

2. Theologie ist Gottes-Erkenntnis

Gerade im Horizont postmoderner Beliebigkeit kommt diesem Grundsatz eine überragende Bedeutung zu. Es ist nicht beliebig, wie man über Gott denkt. Es hängt etwas daran; das zeitliche und ewige Leben hängt daran. Diese Einsicht hat schon Paulus einer multikulturellen und multireligiösen Umwelt und Gesellschaft zugemutet, der die unsere immer ähnlicher wird. Paulus behauptet ausgerechnet im Angesicht der führenden philosophischen Schulen und im Anblick zahlreicher religiöser Kulte: „Wir müssen nicht mehr meinen!" (Apg 17,29). Gott hat sich zwar schon früher nicht unbezeugt gelassen (14,17) –, „jetzt aber" (17,30), jetzt aber ist diese Pluralität von Religionen und Kulten, Weltanschauungen und Philosophien auf keinen Fall mehr akzeptabel. Es gibt ein Datum, das dem allen ein definitives Ende bereitet hat. Das ist das Auftreten dieses einen Jesus Christus, den Gott in einzigartiger Weise bestätigt. Zum „Beweis" seines Anspruches, seiner Legitimität und Autorität hat Gott diesen aus den Toten auferweckt (17,31). Die Pluralität begründet laut Paulus also gerade nicht den Pluralismus. Die Vielzahl der vorhandenen Orientierungen ist also gerade kein Argument für die Beliebigkeit. Denn Gott hat der unübersichtlichen Situation ein definitives Ende bereitet. Herrlich – Apostelgeschichte 17,29: Wir müssen nicht mehr meinen! Und Paulus behauptet das nicht nur; er setzt das nicht nur. Er begründet das. Er setzt sich dem Gespräch aus – mit dem Risiko des Scheiterns. Aber so ernst nimmt er seine Sache, und so ernst nimmt er seine Gesprächspartner.

Entscheidend ist, dass Paulus dieses Datum nicht für sich behält; dass er offenbar vielmehr begreift: Die Verantwortlichkeit der Menschheit diesem einen gegenüber kann ja erst dort greifen, wo ich dieses autoritative Wort Gottes in die verschiedenen kulturellen, religiösen und philosophischen Zusammenhänge hinein bezeuge – Auseinandersetzung und Argumentation inklusive (vgl. Apg 17; Röm 1,19ff.). Dieses „Jetzt aber", diese Weltenwende, diese Äonenwende muss den Menschen bekannt gemacht werden; sie muss ihnen gesagt, verständlich gesagt, in ihren Horizont hinein vermittelt werden. Paulus stellt sich dieser Aufgabe in exemplarischer Weise. Und es gibt dabei sehr viel von ihm zu lernen. Wir weisen nur auf einige wenige Sachverhalte der paulinischen Missionspredigt und Missionsstrategie hin:

- Paulus verkündigt die Herrschaft, das Herr-Sein Jesu. Es gilt, alle Menschen zu rufen zum Gehorsam gegenüber dem einen (Röm 1,5), den Gott selbst zu seiner Rechten erhöht und zum Herrn gemacht hat über die ganze Welt. An der Stellung zu diesem einen entscheidet sich schlechthin alles. Darum ist Theologie und Verkündigung eine todernste Sache: den einen ein Geruch vom Leben zum Leben, den anderen ein Geruch vom Tode zum Tode (2Kor 2,16). Weil wir den Schrecken des Herrn kennen, überreden wir die Menschen (2Kor 5,11), kann der sonst so rhetorikfeindliche Paulus in diesem Zusammenhang wagen zu sagen.

- Paulus lässt die Menschen, die diesen Herrn noch nicht kennen, sprich anerkennen, aus Liebe zu seinem Herrn wie aus Liebe zu seinen Zeitgenossen nicht allein. Er spricht sie auf ihre Verantwortlichkeit an. Theologie ist eine äußerst verbindliche Angelegenheit. Sie macht Gott verbindlich. Sie führt dazu, dass man hier nicht mehr ausweichen kann. Sie stellt den Menschen. Sie kann das freilich nur, wenn sie sehr starke Argumente hat; wenn sie dem anderen nicht nur als äußerliche Forderung begegnet, die ihn nicht wirklich erreicht: Bekehre dich!; wenn sie den anderen vielmehr da abholt, wo er steht, wo er ist, wo er lebt; wenn sie ihn in seinem und bei seinem Menschsein behaftet. Und genau das tut Paulus, und zwar in zweifacher Weise.

- Paulus argumentiert – dogmatisch gesprochen – mit dem Buch der Natur und mit dem Buch der Geschichte. Beide Bücher sprechen. Beide Bücher reden nicht nur unüberhörbar von Gott. Sie verweisen so massiv und so intensiv, so deutlich und so klar auf Gott, dass dieses Reden in Schöpfung und Geschichte eine Verantwortlichkeit des Menschen begründet. Diese besteht nach Paulus übrigens schon allein auf Grund des Verweischarakters des natürlichen Umfeldes, in dem der Mensch sich bewegt und das zwingend auf Gott verweist. So ist nach Römer 1,18ff. Gottes Zorn keine unkalkulierbare Naturgewalt, sondern logisches Resultat der Tatsache, dass „die Menschen die Wahrheit durch Ungerechtigkeit niederhalten, weil das von Gott Erkennbare unter ihnen offenbar ist, denn Gott hat es ihnen offenbart. Denn Gottes unsichtbares Wesen, sowohl seine ewige Kraft als auch seine Göttlichkeit, wird (!) von Erschaffung der Welt an in dem Gemachten wahrgenommen und geschaut, damit sie ohne Entschuldigung seien" (1,19f.). Spuren dieser natürlichen Gotteserkenntnis finden sich bis in neuesoterische Kosmosreligiosität hinein. Diese Welt weist über sich hinaus auf einen Urheber, der sie transzendiert. Es ist klar, dass darum nicht diese Welt und/oder irgendeine Kreatur, sondern dem unsichtbar hinter ihr stehenden Schöpfer Verehrung gebührt und dass vor allem eins unangemessen ist, dass der Mensch sich selbst vergottet. So einfach ist das – bis heute.

Freilich, Gott ist sogar bereit, die Zeiten einer doch schon eigentlich nicht mehr zu rechtfertigenden Unwissenheit zu übersehen (Apg 17,30). Und er hat nun zum unübersehbaren „Beweis" (17,31) den einen aus der Wirklichkeit des Todes auferweckt, dem er alles anvertraut, dem er seine ganze Autorität verliehen hat. Hier wie auch in 1. Korinther 15 in der Auseinandersetzung mit dem Zweifel an der Auferstehung ist ganz deutlich, welch überragende Bedeutung dem argumentierenden Zeugnis für das Osterereignis zukommt. Christen glauben doch nicht einfach blind, glauben doch nicht einfach nur irgendetwas, was sie nicht genau wissen. Sie blicken zurück auf diese eine fundamentale Machttat Gottes in der Geschichte, aus der ihre ganze Theologie, ihr ganzer Glaube, das, worauf sie sich verlassen im Leben wie im Sterben, resultiert. In einer sich fortwährend mehr säkularisierenden, scheinbare christliche Selbstverständlichkeiten z. T. programmatisch hinter sich lassenden Gesellschaft kommt der Profilierung des Redens Gottes durch das Buch von Natur und Geschichte und der daraus resultierenden Verpflichtung wie Verantwortlichkeit des Menschen eine ganz neue, programmatische Bedeutung zu.

3. Theologie ist Zeugin vom Herr-Sein Gottes über die ganze Welt – darum ist sie Wissenschaft vom Ganzen

Theologie ist Wissenschaft vom Ganzen. Sie ist eine alle Disziplinen durchdringende und umgreifende, sie von der Offenbarung des dreieinigen Gottes her lesende und auf ihn hin begreifende Wissenschaft. Sie nimmt deren Wissen und deren Erkenntnisansprüche ernst im Wissen darum, dass Gott sich nicht unbezeugt gelassen hat und dass Wissenschaft, die Wissen schafft und nicht zur Ideologie pervertiert, letztlich nichts anderes als Beitrag zum Lob Gottes in dieser seiner Welt sein kann.

Diese universale, auf alles Wirklichkeitswissen ausgreifende Weite ist trinitarisch begründet.

- Theologie weiß, dass jede Wissenschaft im Buch der Natur bzw. der Geschichte liest und dass jede ernsthafte Erkenntnisbemühung nicht anders kann, als Buchstaben Gottes zu entziffern, die von seiner Herunterneigung und damit von der Präsenz des Schöpfers noch in seiner – gefallenen – Schöpfung und also von seiner Liebe zeugen. Vorbild kann uns die Weisheit Israels sein, die im Wissen um das Gott-Sein JHWHs keine Probleme hatte, das Wirklichkeitswissen anderer Völker zu integrieren –, theologisch gesprochen vielmehr auf dieses Wissen zugehen musste, eben weil Gott der Herr der ganzen Wirklichkeit ist und man darum auch in anderen Kulturen ein wenn auch anonymes Wissen von ihm hat (vgl. Mal 1,11).

- Theologie weiß, dass Jesus der Kyrios ist, der Herr der ganzen Welt. Theologie als Wissenschaft vom Ganzen ist unmittelbare theologische Konsequenz aus dem universalen Herrschaftsanspruch Jesu über die ganze und nicht nur über einen Teil der Welt. Gerade weil er der Herr der ganzen Welt ist und sein will, gerade darum kann es auch im Bereich des Wissens, Erkennens und Denkens keine Zwei-Bereiche-Lehre geben, die seine Herrschaft begrenzte und seine Herrlichkeit einschränkte. Gott ist erkennbar. Gottesfragen sind Erkenntnisfragen. Eine Trennung in einen theologischen und einen profanen Erkenntnisbereich nähme der Wirklichkeit und Herrlichkeit Gottes Entscheidendes, und sie widerspräche der Inkarnation, der Fleischwerdung des Logos, der ja in unsere profane Geschichte und gefallene Schöpfung eingegangen ist (Joh 1,14; Röm 8,2). Eine Trennung von Glauben und Wissen, Glauben und Denken, Glauben und Erkennen widerspricht dieser Erkennbarkeit Gottes und der von Paulus zugemuteten Verantwortlichkeit des Menschen auf Grund seiner Weltwahrnehmung, die in der Sache immer auch Wahrnehmung Gottes ist. Gotteserkenntnis ist Israel immer auch Welterkenntnis, und Welterkenntnis ist Israel immer auch Gotteserkenntnis. Das Gottesvolk des alten wie des neuen Bundes erkennt Gott ja in der Schöpfung und vor allem in seiner Geschichte. Es weiß aus der Geschichte, wer dieser Gott ist. Mit Gott haben wir es mit der Wirklichkeit zu tun, und umgekehrt: Wenn wir es mit der Wirklichkeit zu tun haben, haben wir es immer schon mit Gott zu tun.

- Gottesfragen sind Erkenntnisfragen. So sagten wir. Erkenntnisfragen, so müssen wir nun fortfahren, Erkenntnisfragen sind – immer auch – Willensfragen. Der Mensch hält die Erkenntnis Gottes in

Ungerechtigkeit nieder (Röm 1,18ff.). Der natürliche Mensch kann nicht wollen, dass Gott Gott ist. Er möchte vielmehr, er wäre Gott und Gott wäre nicht Gott. Das Wesen des gefallenen natürlichen Menschen ist Feindschaft, Aufstand wider Gott (vgl. Röm 8,7). Das gilt auch und gerade im Bereich der Welt der Wahrnehmung und des Wissens. Es ist vor allem Adolf Schlatter gewesen, der auf diesen Zusammenhang von Willen und Wahrnehmung aufmerksam gemacht hat, übrigens in wohl nicht bewusster, aber umso auffallenderer sachlicher Nähe zu Arthur Schopenhauer und Friedrich Nietzsche. Wenn Welterkenntnis die Verantwortlichkeit des Menschen vor Gott begründet („darum [!] bist du unentschuldbar, o Mensch, ..."), dann kommt der Theologie gerade auch im Raum des Denkens und Erkennens, traditionell gesprochen: im Rahmen der *universitas litterarum* eine unverzichtbare missionarische und ideologiekritische Funktion zu. Sie hat einerseits zu fragen (s. o.): Wo weisen die Wirklichkeitswissenschaften über sich hinaus auf den Schöpfer? Ein aktuelles, faszinierendes Beispiel ist die Entdeckung des – ursprünglich von Atheisten entdeckten und formulierten – anthropischen Prinzips. Aus der unglaublichen Unwahrscheinlichkeit einer größeren Zahl von offenbar scharf gestellten, allein mit ihren konkreten Werten Leben auf der Erde ermöglichenden naturwissenschaftlichen Konstanten schließt man auf die Realität eines so genannten *intelligenten Designers* zurück.

Theologie hat andererseits zu fragen: Wo verstellen wissenschaftliche Paradigmen, Theorierahmenkonzepte, ihre Kategorien und ihre Forschungsziele die Erkenntnis Gottes und damit auch die Wahrnehmung der Wirklichkeit? Theologie kommt im Raum der Kultur, im Raum des Weltumgangs inklusive der Wissenschaften eine Art Wächteramt zu und dies aus einem doppelten Grund: Um Gottes und seiner Ehre willen und um des Menschen und seiner Rettung willen. Um Gottes Willen fragt sie, wo wissenschaftliche Theoreme den Verweischarakter der Welt auf ihn hin verstellen. Es sei nur erinnert an eine ideologisierte, über den Rahmen des wissenschaftlich beobachtbaren hinausgehende ideologisierte Evolutions-Vorstellung. Oder ich erinnere an den Begriff der Selbstorganisation der Materie, der ja auch für den Raum der reinen Wissenschaft insofern nicht akzeptabel ist, weil er letztlich metaphysischen Charakter besitzt, wenn er die Natur als ein Subjekt der Organisation alles Lebendigen unterstellt. Nur, was soll das für ein Subjekt sein, das hier in ganz ausgesprochener Konkurrenz zum

Schöpfergott mitgesetzt ist? Wer organisiert denn da? „Die Natur"? Aber ist das nicht Rückfall in mythologische Denkweisen? An dieser wie an vielen anderen Stellen müssen Christen, die dazu als Theologen oder in anderer Weise beauftragt sind, Widerstand leisten und nicht nur um Gottes, sondern auch um der Wissenschaftlichkeit der Wissenschaft auf Entmythologisierung drängen: nicht Entmythologisierung der biblischen Aussagen, sondern der Wissenschaft.

4. Theologie ist bekennendes Wissen – sie preist Gott über seiner Welt – darum ist sie Wirklichkeitswissenschaft

Christliche Theologie stellt eine ganz spezielle Organisationsform des gesamten Wirklichkeitswissens dar. Sie stellt als solche in ihrer Gestalt die These dar, dass die Wirklichkeit letztlich nur verstanden und das Leben angemessen nur gelebt werden kann unter Voraussetzung der Offenbarung des dreieinigen Gottes in seiner Schöpfung und in seiner Geschichte mit uns, die als der Mittelpunkt der Weltgeschichte auszuweisen ist (Gal 4,4; Hebr 9,26). Theologie wird sich darum auf die Disziplinen konzentrieren, die dieses geschichtliche Offenbarungshandeln Gottes bedenken, reflektieren und fruchtbar zu machen suchen für unsere Zeit. Aber sie wird doch schon nicht ausblenden können, welche Implikationen der Glaube an den dreieinigen Gott, näherhin und vor allem Kreuz und Auferstehung haben im Hinblick auf unser Verständnis von Mensch und Welt. Was heißt das für unsere Kosmologie, dass wir von einem Schöpfer reden? Was heißt das für unsere Anthropologie, dass im Mittelpunkt biblischer Offenbarung offenbar wird, dass das Geschöpf fähig ist, das Schöpfungswort buchstäblich mundtot zu machen? Was für Konsequenzen resultieren aus der hier offenbarwerdenden Versklavung des Menschen unter die *hamartia* für unsere Einschätzung der Möglichkeiten von Psychologie und Erziehungswissenschaft? Was für Folgerungen resultieren aus der hebräisch-biblischen, aspekthaften Anthropologie für unseren Umgang mit körperlichen und seelischen Leiden des Menschen? Usw., usf.

Hier überall haben wir ungemein viel einzubringen – konstruktiv aber auch kritisch, immer wieder auch ideologiekritisch. Voraussetzung ist freilich, dass wir uns stellen, der Auseinandersetzung stellen, den Herausforderungen stellen. Dann freilich loben wir den dreieinigen Gott, weil wir und indem wir ihn und seine Wirklichkeit relevant machen und für andere erkennbar werden lassen. Dann allerdings leisten wir den maximalen Beitrag an Gesellschaftsdiakonie, der sich denken lässt, wenn wir und sofern wir die exklusive Perspektive auf das Kreuz: das *Nichts-Wissen-außer-Christus-und-ihn-als-gekreuzigt* (1Kor 2,2) wie Salz wirken und wie Licht leuchten lassen (vgl. Mt 5,13f.). Dieses ihr Licht soll die Theologie leuchten lassen, damit die Menschen den Vater, der in den Himmeln ist, preisen. Und was soll diese arme, in Auflösung begriffene Welt (1Kor 7,31) tun, wenn ihr selbst dieses Salz fehlt? Ist nicht vielleicht auch eine Gott preisende und ihn argumentativ zur Geltung bringende Wissenschaft etwas von dem, was nach 2.Thessalonicher 2,7 bis jetzt aufhält, den Untergang der Welt aufhält und die Zeit der Gnade ausdehnt?

Relevant sein wird unsere Theologie nur dann, wenn sie Gehalt hat, wenn sie – buchstäblich – etwas zu sagen hat; wenn sie sich stellt; wenn sie sich damit auch der kritischen Rückfrage aussetzt. Und sind die Fragen, die ihr von außen, also von Nichtchristen, begegnen, nicht immer auch schon ihre eigenen Fragen? Und müssen wir solche Fragen fürchten? Ist Angst vor der Wahrnehmung von Wirklichkeit – sei es historisch, sei es naturwissenschaftlich – nicht immer auch ein Zeichen von Kleinglauben? Es ist nie ein Ausweis von besonderer Gläubigkeit oder Heiligkeit gewesen, wenn scheinbar fromme theologische Ansätze eine Angst vor der Wahrnehmung historischer Sachverhalte pflegten und eher dazu rieten, die Wahrheit der Bibel zu „glauben", statt sie zu überprüfen und zu bewähren. Glaubt der Glaube denn blind? Heißt Glauben nicht gerade, sich an etwas festmachen, was verlässlich ist? Ist die Wahrheit der Bibel und des christlichen Glaubens ein theoretisches Set von Sätzen, das es nun mehr oder minder ruhig oder unruhig für wahr zu halten gilt? Oder zeichnet sich die Wahrheit des biblischen Gottes nicht gerade dadurch aus, dass sie verlässlich, dass sie *ämät* ist; dass Gott treu ist, man sich also auf ihn, auf seine Wirklichkeit und auf seine Zusagen verlassen kann?

Was wäre das für ein Gott, wäre es noch der biblische Gott, bei dem wir ängstlich fragen müssten, ob er sich angesichts der kritischen Fragen von Menschen bewährt? Und umgekehrt: Geböte es nicht die intellektuelle Redlichkeit, etwas preiszugeben und aufzugeben, dem man im Grunde eine Bewährung nicht zutraut?

Vielleicht wird es viele Fragen und sogar manche Zweifel geben, die bleiben – bei allem Suchen und trotz aller Argumente. Aber im Zentralen gilt doch, dass Gott Jesus Christus zum Beweis (!) gesetzt hat in unserer Raum-Zeit-Welt und dass wir dem Charakter dieses

Handelns Gottes nur entsprechen, wenn wir Theologie als Wirklich-keitswissenschaft treiben und d. h.: befragbar, hinterfragbar, kritisier-bar – aber als Abenteuer mit Gott; als Weg mit Gott, auf dem er sich und seine Wahrheit wie Wirklichkeit ein aufs andere Mal schon so oft bewährt hat.

Christliche Theologie lebt aus dieser aus der Anfechtung heraus er-rungenen und geschenkten Gewissheit, *certitudo*. Wer dagegen die Wahrheit des christlichen Glaubens apriorisch, an der Wahrnehmung von Natur und Geschichte vorbei definiert, d. h. an der Offenbarung Gottes vorbei gewinnen will, der bringt sich nicht nur um den Nach-folge-Charakter von Theologie. Der macht Theologie vielmehr – das ist eine fast noch größere Sünde – zu einer sehr langweiligen Angele-genheit. Der begründet und rechtfertigt sich schließlich sogar selbst – über das Für-Wahr-Halten der eigenen Wahrheit. Dem wird Gott nicht mehr gewiss in der Begegnung; dem widerfährt diese *certitudo* (Gewissheit) nicht aus der Wahrnehmung der Wirklichkeit Gottes; der lebt vielmehr aus der selbstgezimmerten, aber doch immer an-fechtbaren *securitas* (Sicherheit).

Die Wahrheit, die Treue des Gottes Israels ist demgegenüber nie etwas gewesen, dessen sich das Volk Israel einfach sicher war; die Ge-wissheit des Gottseins JHWHs über alle Götter, Mächte und Gewal-ten erwächst im neuen wie im alten Volk Gottes vielmehr aus der Wahrnehmung und Erfahrung der Wirklichkeit dieses Gottes, der al-lein es verdient, Gott genannt zu werden.

c) Von Gott erkannt – Gott erkennen und zur Gotteserkenntnis anleiten

Was für Konsequenzen ergeben sich für die Gestalt unserer theologi-schen Ausbildung? Von Gott erkannt, erkennen wir Gott und dürfen selber andere zur Gotteserkenntnis anleiten. Das geschieht:

1. Im Glauben – demütig

Wir lehren eine Theologie, die anschaulich nur wird, wenn wir sie nicht allein lehren, sondern leben, mit-leben. Theologie kann als

Gotteserkenntnis, die davon lebt, dass Gott uns erkennt, kein bloß akademisches, kein abstraktes Geschäft sein, das losgelöst von der Existenz des Menschen einen rein theoretischen Vollzug darstellt. Theologische Arbeit geschieht *coram Deo*, vor dem Gott, im Angesicht des Gottes, der uns berufen und bis heute bewahrt und bewährt hat. Dieser uns bis heute geschenkte Glaube ist die Platzanweisung unseres Denkens. Unsere Seminare können Theologie nicht anders als so treiben, dass diese eingebettet ist in das Gesamt der Lebensvollzüge von Studierenden und Dozenten.

Die an Universitäten so häufig anzutreffende und das Theologiestudium so unendlich erschwerende, von Schlatter als milde Schizophrenie gebrandmarkte Existenz *als homo spiritualis* hier und *homo scientialis* dort kann für uns von vornherein nicht in Frage kommen. Wir müssen auch nicht beides mühsam zusammenbinden, weil beides von vornherein eine Einheit darstellt: Persönlicher Glaube und theologische, wissenschaftlich verantwortete Arbeit. Es kann und darf und wird von daher nicht sein, dass wir in unserer „Stillen Zeit" die „Losungen" der Herrnhuter Brüdergemeine lesen und uns unserer religiösen Subjektivität wie Spontaneität überlassen und demgegenüber Wörterbücher, Konkordanz und Kommentare auf die Studienzeit beschränken. Es kann und darf und wird darum nicht sein, dass wir in der „Stillen Zeit" allein die Hände falten und in der Studienzeit allein den Kopf rauchen lassen. Wenn Erkenntnis immer Erkenntnis aus Glauben ist, dann ist auch und gerade theologische Erkenntnis Gebet, Wahrnehmung aus der Gottesbeziehung heraus, und dann ist umgekehrt die Zeit, in der ich nach Gottes Willen für mich ganz persönlich frage, eine Zeit, in der auch der Kopf ganz gewaltig rauchen wird und in der wir vielleicht viel engagierter als in mancher Unterrichtsstunde den genauen Wortsinn einer Bibelstelle oder den theologischen Begründungszusammenhang einer ethischen Einzelweisung zu ergründen suchen.

Unsere Ausbildung leitet an zu einem Denken aus Glauben. Das heißt auch, dass sie anleitet zum Demütigsein. Im Mittelpunkt unserer theologischen Bekenntnisse steht zu Recht immer auch unsere Wertschätzung der Heiligen Schrift. Dieses unschätzbare Geschenk dieses uns hinterlassenen Gotteswortes hören wir nur dann, wenn wir hören wie ein Jünger hört; wenn wir bereit sind, demütig zu werden und damit immer mehr der Haltung zu entsprechen, mit der uns unser Herr entgegenkommt und sich zu uns herunterneigt. Diese Demut ist aber doch wiederum nicht nur eine hermeneutische Herausforderung.

Die Offenheit gegenüber Gottes Willen wird sich doch auch herme-
neutisch nur da und dann einstellen, wo und wenn wir es in unserem
Leben lernen, auf Selbstbehauptung(en) zu verzichten und Gott hö-
rend alles zuzutrauen, ihm und seinen Vorgaben absoluten Vorrang
einzuräumen.

So stellen wir unsere Leiber, sprich: unsere theologische Existenz,
Gott dar als ein ihm wohlgefälliges Opfer, was unser vernünftiger
Gottesdienst ist (Röm 12,1).

2. Aus Liebe – dankbar

Wir leiten an zu einer Gotteserkenntnis aus Liebe. Liebe zum anderen,
auch zu Gott wächst dort, wo die Liebe des anderen, der mich zuerst
geliebt, „erkannt" hat, wirklich groß, erkennbar, deutlich, wo sie zu
einem Faktor wird in meinem Leben.

Auf diese Liebe, der wir uns verdanken, antworten wir mit einem
Verhalten, das unser ganzes Leben zu einer Einheit zusammenbindet.
Wir sollen und dürfen Gott, unseren Herrn, lieben mit unserem ganzen Herzen, mit unserer ganzen Seele und mit unserem ganzen Verstand (Mt 22,37; vgl. 5Mo 6,5; 10,12).

Gott lieben mit unserer ganzen Person inklusive all ihrer Bezüge;
Gott lieben mit unserer Existenz inklusive all ihrer Dimensionen,
mitsamt ihrer Bedürftigkeit und Vitalität; Gott lieben mit unserem
Kopf, mitsamt allem Wissen und allem Streben nach Orientierung.

Glaubens-, Erkenntnis- und Lebensakt bilden hier eine Einheit im
Vollzug. Mit unserem Leben antworten wir in allen seinen Bezügen
auf den, der uns zuerst geliebt hat.

Erst eine solche Liebe, eine solche Haltung der Dankbarkeit, erschließt dann freilich immer mehr, was Gott noch alles ständig für uns
tut und wie er mitten in unserem Leben, im Leben seiner Gemeinde
und in dieser seiner gefallenen Schöpfung präsent ist. Liebe lernt
sehen. Darum haben wir Liebe zu lehren.

Noch einmal ist klar: Eine solche, auch den Verstand des Menschen
miteinbeziehende Ausrichtung des gesamten Lebens auf Gott ist alles
andere als bloß akademisch; sie lässt sich nicht rein theoretisch be-
greifen, sondern erschließt im Gegenteil die untrennbare Einheit von
Theologie und Nachfolge.

Eine solche Theologie, eine solche Ausbildung mutet Erfahrungen
und Entdeckungen der Liebe und der Wirklichkeit Gottes zu. Sie

scheut sich nicht, die Studierenden ganzheitlich, d. h. auch hinsichtlich des Lebensweges und des Lebensstiles, herauszufordern. Sie will
prägen. Sie erzieht Persönlichkeiten, eben weil sie der Handarbeit
Gottes Raum gibt im Denken wie im Leben der ihr Anvertrauten.
Für eine solche Ausbildung ist die seminaristische Lebensform
nicht Not, sondern Notwendigkeit. Lebens-, Glaubens- und Lern-
schule gehören aufs Engste zusammen.

3. Auf Hoffnung – bewährungsorientiert

Unsere Ausbildung lebt vom Erkannt-worden-Sein durch Gott. Sie
weiß um die *creatio ex nihilo*, die Schöpfung aus dem Nichts, die die
justificatio impii, die Rechtfertigung des Gottlosen jedes Einzelnen
von uns darstellt. Dieses Bewusstsein macht es ihr leicht, zur Hoffnung auf den Gott zu ermutigen, der die Toten auferweckt und dem
Nichtseienden ruft, dass es sei (vgl. Röm 4,17). Wir leiten an zur
Wahrnehmung der Wirklichkeit Gottes. Wir strukturieren darum eine
Theologie, wir gestalten darum eine Exegese, wir entwerfen darum
eine praktische Theologie, die Entdeckungen fördert; die Gott etwas
zutraut und die dann auch wahrnehmen darf, was er verheißen hat.

Unsere Theologie kommt her von dem, was Gott getan hat. Sie verdankt sich ja der Wirklichkeit dieses Gottes. Sie leitet darum dieses
Gottes gewiss und dankbar für seine Zuwendung an zu einer angst-
freien und unverkrampften Erkenntnis des Dreieinigen: in Natur und
Geschichte, im Leben der Kirche wie im eigenen Leben.

Sie lehrt Gott als die alles bestimmende Wirklichkeit, als den Herrn
aller Herren sehen und konzipiert Theologie demgemäß als eine
Wirklichkeitswissenschaft, die ihr Ziel findet im Lob der Taten und
Worte Gottes. Sie macht die Wirklichkeit dieses Gottes auch im inter-
disziplinären Bezug, auch in der apologetischen Auseinandersetzung
so groß und so gewiss, dass diese Theologie wie von selbst vom Kopf
in die Beine geht, uns nicht in frommem Heilsegoismus bei uns bleiben lässt, uns vielmehr hinaustreibt zu denen, die keine Hoffnung
haben (vgl. 1Thess 4,13).

Für diese Begegnung bereitet sie vor – ganz gleich, ob es sich um die
missionarische Herausforderung in der Dritten Welt oder vor der
eigenen Haustür handelt.

Damit unsere Absolventen wirklich im Stande sind, Rechenschaft,
rationale Rechenschaft (*logon didonai*) abzulegen über die Hoffnung,

die in ihnen ist und die sie trägt (1Petr 3,15), bedarf es einer Zurüstung, die gar nicht gut genug, die gar nicht anspruchsvoll genug sein kann. Es bedarf keiner Ausbildung zum Wissenschaftler, aber einer Theologie, die wissenschaftlich verantwortet ist; die zählt, die besteht, auch wenn es zur kritischen, ja gewollten, ja erwarteten Rückfrage kommt. Es bedarf einer Theologie, die um die Fragen weiß, die die Menschen bewegen, außerhalb von unseren Gemeinden, aber doch auch in ihnen. Es bedarf einer Theologie, die relevant ist, weil sie die Herausforderungen kennt und annimmt, und die etwas in Bewegung zu setzen vermag, weil sie vom Evangelium her Antworten oder zumindest Anstöße formuliert. Es bedarf einer Theologie, die darum nicht primär an Wissensansammlung, sondern an Fragen orientiert, nicht primär auf Bücher bezogen, sondern auf unser Leben ausgerichtet ist.

TEIL C:
Erwachende und aufbrechende Theologie – Ein Grundsatz und zehn Thesen

Wir brauchen und wir suchen eine „erweckliche Theologie"; eine Theologie, die selbst erweckt ist und die Erweckung der Gemeinde fördert. Nur, wie erwacht Theologie? Wie bricht sie auf? Wie weckt sie auf? Wer weckt sie auf?

a) Der Grundsatz

Wie erwacht Theologie? Rezepte gibt es nicht. Sie würden allem widersprechen, was bisher deutlich geworden ist. Erweckung kann man nicht machen. Erweckung der Theologie lebt davon, dass Gott uns ins Gebet und immer neu in die Umkehr treibt. Weißt du nicht, dass Gottes Güte dich zur Umkehr treibt (Röm 2,4)? Das ist der *Grundsatz*. Sind wir bereit, uns neu und immer neu von dem wecken zu lassen, der uns ja wecken und aufbrechen lassen will?

Freilich, erweckte Theologie ist gestörte, in ihrem „Schlaf", in ihrer Ruhe, in ihrer Selbstzufriedenheit und Selbstverliebtheit gestörte Theologie. Sie ist alles andere als ein romantisches, sie ist vielmehr ein hartes Geschäft. Wollen wir sie? Wie bricht Theologie auf? Dazu zehn Thesen.

b) Zehn Thesen

Sie treibt eine theologische Arbeit, *durch die hindurch*, nicht an der vorbei, Christus begegnet und Klärungen wie Gewissheiten schenkt. Sie treibt eine Exegese, die *durch die* historische, ja philologische Arbeit *hindurch* auf die Spuren Gottes setzt und die unter der Verheißung steht, dass ihr der lebendige Gott im Prozess des demütigen Nachvollzugs seiner Kondeszendenz selbst begegnet. Sie treibt die biblischen Sprachen so, dass vor allem die hebräischen Vokabeln uns anlachen und die biblischen Sprachen in ihrer Semantik und Grammatik erkennbar werden als Konsequenz kontingenter Kondeszendenz, in denen sich der lebendige Gott selbst abgebildet, ja imponiert hat.

Sie ist frei, selber immer neu Entdeckungen zu machen, an denen sie sich begeistern kann, und deren Begeisterung ansteckend wird und wirkt.

Sie treibt Distinktionen, die schärfer sind als jedes zweischneidige Schwert (vgl. Hebr 4,12), und sie dringt so zur Ent-Deckung von Weichenstellungen vor, dass deutlich wird: Hier entscheidet sich etwas, womöglich: Hier entscheidet sich alles. Hier lohnt es sich, sich zu investieren! Hier lohnt der ganze Einsatz.

Sie öffnet und befreit zu trinitarischen Perspektiven. Sie stellt hinaus in die Weite (vgl. Ps 18,20). Sie führt zum Lob Gottes: *Sein* ist die ganze Welt!

Sie ist Theologie in einer „anschaulichen" Gestalt. Sie macht im Vor-Leben für die Lernenden sichtbar, was sie lehrt.

Sie ist forschende, fragende, bohrende Theologie. Sie nimmt exemplarisch mit hinein in die ihr aufgegebene, aufgezwungene Denkbewegung (vgl. 1Kor 9,16). Sie gibt anderen Teil an den Herausforderungen, vor denen sie steht. Sie ist nicht stoff-zentriert, sondern fragen-orientiert. Sie provoziert, indem sie – provokativ formuliert – ermutigt: „Lies nicht! Frage!"

Sie stellt sich. Sie stellt Überzeugungen in Frage, die doch bloß scheinbar selbstverständlich gelten, ihre Evidenz vielmehr der Isolation der Gläubigen in einem frommen Ghetto verdanken. Sie kommt in Bewegung, indem sie die Wahrheitsfrage ernst nimmt. Sie vollzieht sich als unüberbietbares Abenteuer, wenn und indem sie sich aussetzt und immer neu darauf angewiesen ist, dass sich der lebendige Gott auch angesichts dieser neuen Herausforderung bewährt. Sie macht die Bibel wichtig, *indem* sie gerade für sie die Wahrheitsfrage stellt. Nur was sich bewährt, hat Relevanz.

Sie erfährt es selbst und sie führt andere zu dem Erlebnis, dass christlicher Glaube relevant wird: wissenschaftlich, ethisch, diakonisch, gesellschaftlich, ja sogar politisch und vor allem ganz persönlich!

Sie treibt und betreibt die Interaktion von Lehre und Leben. Sie führt heraus aus dem Ghetto, in dem wir es nahezu bloß noch behaupten, aber kaum noch persönlich erfahren: Christus ist der Herr!

Sie lässt andere mitbekommen, was es heißt: „Du bist mir zu stark geworden" (Jer 20,7). Gott ist präsente Wirklichkeit in meinem Leben. Er hat mich erkannt und erkennt mich noch. Er bedeutet etwas für meine Theologie. Theologie geschieht aus persönlicher Betroffenheit heraus.

Literaturhinweise

Dem Charakter eines Manifestes entsprechend habe ich so weit wie möglich auf Belege und Anmerkungen verzichtet. Für weiterführende Literaturhinweise und Belege sowie für weitere Begründungen siehe im Einzelnen vom Verfasser:

Teil A
- Glauben wir alle an denselben Gott? Christlicher Glaube in einer nachchristlichen Gesellschaft, Wuppertal/Bad Liebenzell 1997
- Gott in der Erlebnisgesellschaft. Postmoderne als theologische Herausforderung, Wuppertal 2001

Teil B
a) • Art. Erkennen/Erkenntnis, in: GBL, Bd. 1 hg. von Helmut Burkhardt (u. a.), Bd. 1, Gießen/Wuppertal 1987, 325–332

b) • Wie wir denken können. Lernen von der Offenbarung des dreieinigen Gottes für Wissenschaftstheorie, Sprachphilosophie und Hermeneutik, Wuppertal 2000
- Gottes Wort – unsere Ant-Wort. Sprachtheologische und sprachphilosophische Aspekte der Verkündigung des Evangeliums, in EJT 3:1 (1994), 43–59
- Gemeinde bauen in einer multireligiösen Gesellschaft. Apostelgeschichte 17 als Leitfaden für missionarisches Handeln, Lahr 1998
- Die Auferstehung Jesu Christi – eine historische Tatsache? Argumente für den Osterglauben, Wuppertal/Zürich, 2., um ein Vorwort erw. Auflage 1995
- Kritischer Rationalismus und Theologie als Wissenschaft. Zur Frage nach dem Wirklichkeitsbezug des christlichen Glaubens, Wuppertal/Zürich, 2. Auflage 1987

In der Reihe „Edition Ichthys"
sind erschienen:

Hellmuth Frey / Hans-Jürgen Peters

Geistliche Schriftauslegung

72 Seiten, Paperback
Bestell-Nr. 3-7655-9092-4

„Wie kann die Heilige Schrift heute in rechter Weise ausgelegt werden?" Die Diskussion über diese Frage wird hier neu mit der These angeregt, dass der angemessene Umgang mit der Heiligen Schrift ein geistlicher ist. Die Bibel muss geistlich verstanden werden. Dabei wird zurückgegriffen auf einen bahnbrechenden Aufsatz von Hellmuth Frey. Hans-Jürgen Peters nimmt diesen Ansatz auf und entfaltet ihn systematisch. Die bisherige Diskussion wird damit weiter vorangetrieben.

BRUNNEN VERLAG GIESSEN
www.brunnen-verlag.de

Thomas Jeromin

Die Bibel über sich selbst

Das Selbstverständnis der biblischen Schriften
Eine Einführung

118 Seiten, Paperback
Bestell-Nr. 3-7655-9097-5

„Die Liebe ist nicht allein der Gegenstand der Heiligen Schrift, sondern auch der Eingang zu ihr." (Blaise Pascal)
Wer kennt das nicht: Christen unterhalten sich in Hauskreis, Bibelstunde oder in einer Diskussion über kontroverse Themen. Da kommt unweigerlich die Frage ins Spiel: Wie begründen wir unsere Meinungen? Welche Bedeutung und Autorität hat die Bibel dabei für uns? Es gibt viele Untersuchungen über das Bibelverständnis berühmter Theologen. Solche Gedanken zur Schriftauslegung sind oft anregend. Aber sie können niemals die Frage ersetzen: Was sagt die Bibel über sich selbst? Wie will sie angemessen verstanden sein?

Dieses Buch geht anhand zahlreicher Bibelstellen diesen Fragen nach. Die wichtigsten Stellen werden eingehend besprochen.

BRUNNEN VERLAG GIESSEN
www.brunnen-verlag.de

Mathias J. Kürschner

Martin Luther als Ausleger der Heiligen Schrift

80 Seiten, Paperback
Bestell-Nr. 3-7655-9101-7

Für Martin Luther, einem der bedeutendsten Ausleger der Heiligen Schrift aller Zeiten, stand fest: Die Bibel als Wort Gottes hat eine eigene Klarheit, die sich jedem erschließt, der mit aufrichtigem Herzen nach der Wahrheit des Evangeliums sucht. Die Heilige Schrift legt sich selbst aus, weil sie durch Gottes Geist erschlossen wird. Darin zeigt sich auch ihre Inspiration und ihre Offenbarungstätigkeit. Es gibt eine äußere Klarheit („Die Worte") und eine innere Klarheit („Die Sache"). Angemessen auslegen und verstehen kann man die Heilige Schrift nur, wenn man sich ihren Worten stellt und von „ihrer Sache" ergriffen ist. In Gebet (oratio), Schriftbetrachtung (meditatio) und in Anfechtungen (tentatio) lernt man ihre Wahrheit kennen und bezeugen.

BRUNNEN VERLAG GIESSEN
www.brunnen-verlag.de